丝路汉语系列教材

丛书顾问： 西安市人民政府外事办公室

编委会

总主编： 董洪杰

编　委： 王　静　薛亚军　白晓莉　刘　宁　段舟杨

马　娜　袁晚晴　秦　岭　柴　闫

丝路汉语系列教材

董洪杰　总主编

中国艺术

王　静　薛亚军　编著

Chinese
Art

暨南大学出版社
JINAN UNIVERSITY PRESS

中国·广州

图书在版编目（CIP）数据

中国艺术/王静，薛亚军编著 . —广州：暨南大学出版社，2021.5
（丝路汉语系列教材/董洪杰总主编）
ISBN 978 – 7 – 5668 – 3054 – 8

Ⅰ. ①中…　Ⅱ. ①王…②薛…　Ⅲ. ①艺术史—中国—汉语—对外汉语教学—教材
Ⅳ. ①H195.4

中国版本图书馆 CIP 数据核字（2020）第 223819 号

中国艺术
ZHONGGUO YISHU
编著者：王　静　薛亚军
....

出 版 人：张晋升
策划编辑：杜小陆　黄志波
责任编辑：刘碧坚
责任校对：黄　球　黄亦秋
责任印制：周一丹　郑玉婷

出版发行：暨南大学出版社（510630）
电　　话：总编室（8620）85221601
　　　　　营销部（8620）85225284　85228291　85228292　85226712
传　　真：（8620）85221583（办公室）　　85223774（营销部）
网　　址：http://www.jnupress.com
排　　版：广州良弓广告有限公司
印　　刷：广州一龙印刷有限公司
开　　本：787mm×1092mm　1/16
印　　张：13.75
字　　数：285 千
版　　次：2021 年 5 月第 1 版
印　　次：2021 年 5 月第 1 次
定　　价：73.80 元

（暨大版图书如有印装质量问题，请与出版社总编室联系调换）

总　序

　　国际中文教育经历了过去几十年的蓬勃发展，已经取得了骄人的成绩。其重要表现除学生数量的迅速增加之外，更有学生学习质量的提高，具体表现之一是学习需求在广度上不断延展，日趋多元化；在专业化方面也有追求精深的趋势。如何编写适用于不同专业领域、满足不同学习者语言和知识需求的教材，是国际中文教育面临的一大挑战。西安文理学院文学院的教师们在过去多年教学经验的基础上，于近期研发了针对不同专业学生需求的人文类分众化系列教材，希冀能将语言学习和专业领域知识的探索有机结合起来，在语言平台上作适当延展，以达到更好地满足不同学习者，特别是高年级学习者多元化中文学习需要的目的。

　　为了编写好这套针对留学生的专业化、分众化教材，丝路汉语系列教材编委会的教师们在对国内相关教材需求和发展现状进行调查的基础上，听取各方意见，结合各自专长，从中国文学、中国历史、中国艺术、中国电影、旅游汉语、幼儿汉语、汉字文化、商务汉语等不同角度着眼，完成了这套汉语教材。

　　这一系列教材的主要特点首先是主题多样化。因涉及不同学科门类，所以在编写体例上不追求整齐划一，但作为丝路汉语系列教材，在内容上均立足西安，辐射全国，兼具地域性和普遍性。其次，广泛吸收各领域最新的研究成果和相关教材的既有优长，通过"读一读"等补充材料使教材兼具科学性和典型性。再次，图文并茂、生动形象地解释和说明学生不熟悉的文化内容；叙述力求深入浅出，充分体现汉语和中国文化对外传播的新理念，具有较强的可读性和传播价值。最后，有些教材设计了实践部分，如让学生自己动手，制作与课文内容相关的艺术作品等；有些教材增加了"看一看"部分，有意识地将书本学习与参观古迹、博物馆等课外活动有机结合起来，以期调动学生的学习积极性，充分利用本地文化资源提高学生的感性认识。

简言之，丝路汉语系列教材在编写方面作出了一些新的尝试和有益的探索，值得引起业内同行的关注。

梁　霞

2020 年底于圣路易斯

（梁霞，美国华盛顿大学东亚系教学教授、中文语言项目负责人，美国中文教师学会理事）

前　言

　　本书以丝路起点——西安为中心，以艺术为媒介，向留学生及外国友人介绍中国传统艺术。本书立足西安，向周围地区及全国辐射，从具体的艺术作品出发，向海外读者介绍同类型的中国艺术，让读者领略中国艺术的独特魅力，并从中了解和体会中国文化如何以审美的方式存在于中国人的生活中。

　　本书作为面向留学生的艺术史教材，有其自身的特点。首先，内容选取不一定全面，但一定要有特色；其次，不强调内容的深刻性，但要易于理解；再次，在表达方面要考虑留学生的语言习惯和接受程度；最后，结合实践练习内容，帮助学生理解和激发学生的学习兴趣。

　　本书在内容上选取了比较有代表性、有生命力、容易引发留学生对中国文化产生兴趣的主题，同时具备一定的实践性，使学生能够结合课程进行学习。本书分为器物塑像、书法绘画、戏曲杂艺、服饰饰品四篇，介绍了彩陶、青铜器、秦兵马俑、汉代霍去病墓群雕、书法、中国画、敦煌壁画、篆刻、杂耍、乐器、棋艺、汉唐服饰、中国结、剪纸、马勺等内容，并在彩陶、书法、中国画、中国结、剪纸、马勺这六个章节中配备了相应的实践内容。教师可以根据课程安排穿插实践环节。

　　本书针对留学生的知识背景、阅读能力，选择易于理解的内容。采用生动有趣的叙述方式，便于读者理解。并且穿插讲述与主题相关的背景知识、故事传说等，保证阅读过程的流畅性和趣味性。

　　实践部分选取了材料易得的题目，读者可以根据书中的提示准备材料，由教师指导或自学，根据操作步骤进行实践，了解基本的艺术创作流程，使学习的体验过程更为丰富。

　　中国优秀传统艺术以各种方式存在于当代人的生活中，对当代中国人产生着潜移默化的影响。这些传统艺术在不同程度上构建了今天中国人的审美习惯和生活方式，因此给留学生讲授中国艺术史的时候，教师应该意识到这一点。本书在每一章的末尾都有一些体验方面的内容，希望让留学生了解到传统艺术不是与当代生活相隔离的，而是与当代生活密不可分的。

如果读者能通过此书了解中国艺术，进而更全面地了解中国文化，并对中国艺术产生更浓厚的兴趣，这将是本书的荣幸。

另外需要说明的是，本书中的插图有三个主要来源：图库购买、作者拍摄以及授权使用，如有版权纠纷由作者自行承担责任。

王　静　薛亚军

2020 年 4 月

001　总　序

001　前　言

001　第一篇　器物塑像
　　003　第一章　美丽的彩陶
　　015　第二章　神秘的青铜器
　　031　第三章　地下军团——秦始皇兵马俑
　　043　第四章　中华第一萌石——霍去病墓群雕

055　第二篇　书法绘画
　　057　第五章　汉隶唐楷
　　072　第六章　唐代山水花鸟画
　　084　第七章　敦煌壁画
　　097　第八章　篆　刻

109　第三篇　戏曲杂艺
　　111　第九章　汉代画像石（砖）上的百戏
　　121　第十章　唐、五代绘画中的乐器
　　132　第十一章　唐代人物画中的棋艺

139　第四篇　服饰饰品
　　141　第十二章　汉代服饰
　　153　第十三章　盛唐衣装
　　167　第十四章　中国结艺
　　185　第十五章　剪　纸
　　199　第十六章　马勺脸谱

205　参考文献

第一篇

器物塑像

　　现今的中国艺术类型，有很大一部分是通过中国人的祭祀活动和宗教信仰传承至今的。本篇包括美丽的彩陶、神秘的青铜器、地下军团——秦始皇兵马俑、中华第一萌石——霍去病墓群雕等内容。

　　我们可以从彩陶与青铜器上的纹样探寻远古中国人的信仰崇拜与礼仪制度。秦始皇兵马俑、霍去病墓群雕则为我们展示了秦汉时期中国人的生死观念、皇家丧葬制度和陵墓设计艺术。我们可以通过一件件技艺高超、制作精良的兵马陶俑、动物石雕像来了解这一时期气韵古拙的雕塑艺术。

第一章

美丽的彩陶

　　距陕西省西安市中心约 11 公里有一个半坡村，在 6 000 多年前的新石器时代，这里曾经生活着一个母系氏族部落，这个地方留下了他们生活过的痕迹。如今这里有一座遗址博物馆，叫西安半坡博物馆（如图 1-1）。这座博物馆里保存了他们建造的房子，以及他们打水、吃饭、祭祀用的工具。这些工具里就有十分美丽的彩陶。

图 1-1　西安半坡博物馆

1. 彩陶的出现

最早，人们取水都是用自然界的工具，如葫芦之类的容器，但容量小，取水也很不方便。偶然的机会，人们发现编制的筐涂满了黏土之后，经过火烧，筐就有了坚硬的外壳，可以用来盛水。于是，人们想到了用泥土捏成合适的形状进行烧制。后来，有更多不同大小、深浅、形状的陶碗、陶盆、陶罐和陶壶被创造出来。这在当时是非常珍贵的物品，部落里最有地位的人才能享用。人们用它来祭祀，祈求风调雨顺。在这些陶器上，半坡人还绘制了各种不同的图案，成为我们现在看到的彩陶。

图 1 - 2　彩陶盆

2. 彩色纹样的起源

橘红色的彩陶，再搭配上黑色的纹样，十分美观。最早人们是怎么想到要装饰这些陶器呢？对于这个问题有很多不同的解释，其中有一种叫"编织说"。当时，人们把做好的彩陶盆放在编织物上，陶盆的底部就被印上了编织物的痕迹。人们发现，这样的痕迹很美观，所以就受到了启发，于是开发出不同形式的痕迹，如指甲纹、刻画纹等。在西安半坡博物馆中，我们可以看到指甲纹的陶罐和陶壶（如图 1 - 3、图 1 - 4）。在它们的表面上，人们用指甲压成了排列整齐的图案，颇具装饰美感。后来大概因为指甲纹的表现力有限，人们又开发出了其他的工具和方法，采用画画的方式进行装饰。

图1-3　指甲纹陶罐

图1-4　指甲纹红陶壶

3. 著名的人面鱼纹盆

在西安半坡博物馆中，最著名的彩陶应该是人面鱼纹盆（如图1-5）。在橘红色的陶盆里，人们用黑色颜料画了两条鱼、两个长着鱼形耳朵的人脸。后来这个特别的人脸也成了西安半坡博物馆的标志。鱼的画法很有趣，很像我们小时候的画。鱼的装饰图案可能与当时半坡人居住的地方和生活习惯有关。他们居住在浐河附近，依靠采集树上的果子和捕鱼为生，所以很熟悉鱼的样子。当时的巫师进行祭祀活动时可能在脸部装饰鱼的图案。大概是因为觉得鱼具有很强的繁殖能力，所以半坡人喜欢鱼，在彩陶中经常可以看到鱼的图案。

这个盆看起来很像我们洗脸用的脸盆，但据考古研究，这是去世的小孩瓮棺的盖子。

图1-5　人面鱼纹盆

4. 尖底瓶

尖底瓶是一种形状比较特别的陶器。它的脖子很细，口部很小，特别的是，它有一个尖尖的瓶底（如图1-6）。

图1-6　尖底瓶

很多课本中都有类似的示意图（如图1-7），解释这种尖底瓶是如何汲水的。没有水的时候，瓶子会倾斜，从口部可以把水灌进去，当水满了，瓶子就会变成直立的状态。等装满了水，人们可以把尖底瓶插在水边的泥土中。

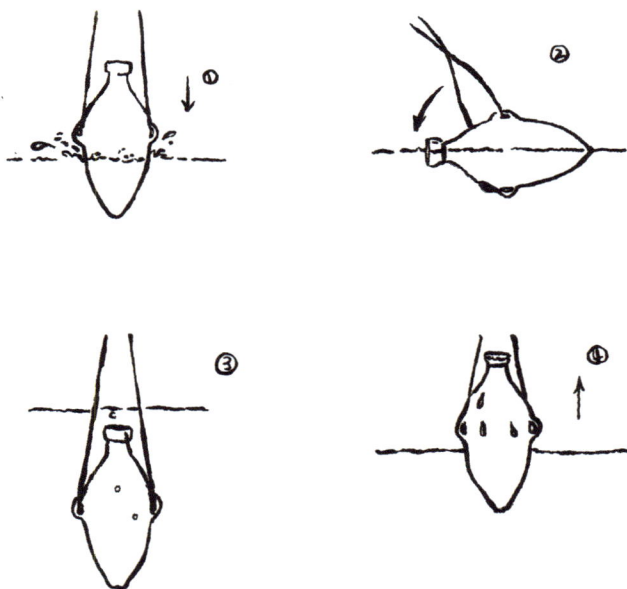

图1-7　尖底瓶汲水示意图

但这种说法只是一种想象，后来经过实验证明，尖底瓶只有在装了不到一半水的时候才会在水中直立起来，装满水之后它又会变成倾斜的状态。半坡人生活的浐河边都是大大小小的石块，也没办法把尖底瓶插进土里。再者，在人们取水的地方，水位通常比较浅，不容易达到尖底瓶可以直立的深度。况且，这么小的瓶口，水要流进去也相当不容易。因而有说法认为，尖底瓶不是用来取水的。在河边取水，还是宽口的桶形器比较适合。

有另一种说法，认为尖底瓶是用于酿酒的。因为酿酒需要隔绝空气，所以小口的瓶子比较容易封闭严实。在酿酒的过程中，澄清的酒液会和酒渣分离开，酒渣会沉在底部。底部做成尖形是因为这样可以更好地将酒液与酒渣分离开，以便倒取上面更多的酒液。后来尖底瓶也在祭祀中使用。

至于尖底瓶的确切用途是什么，到现在还没有定论。也许经过不断思考，人们还会发现尖底瓶更有道理的用途。

5. 美丽的纹样

彩陶最吸引人的就是它表面的各种纹样，其中，鱼纹十分流行。在一些陶器上有比较写实的鱼，但在另一些陶器上，鱼纹被简化了，存在鱼的元素，但是装饰性更强了（如图 1-8 至图 1-13）。根据彩陶上的鱼纹，研究人员画了鱼纹的演变示意图，可以看出鱼纹是从复杂到简单、从具象到抽象逐渐变化的，到后来就演变成了直线和圆的几何图形。从鱼纹图案演化图中可以看出当时人们对图案的思考（如图 1-14）。抽象简单的图案更容易绘制，画起来效率更高，装饰效果也更佳。这种手法和现代图案的设计方法很接近。

图 1-8　鱼纹陶片 1

图 1-9　鱼纹陶片 2

图 1 – 10　鱼纹陶片 3

图 1 – 11　鱼纹盆 1

图 1 – 12　鱼纹盆 2

图 1 – 13　鱼纹盆 3

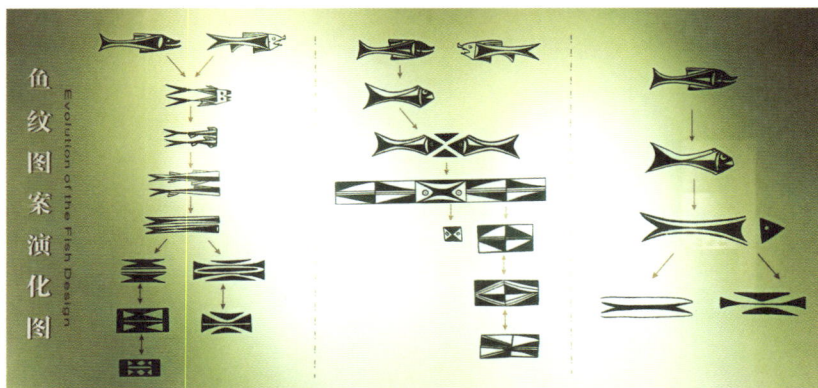

图 1 – 14　鱼纹图案演化图

在半坡彩陶的动物纹样中，还有蛙纹和鹿纹，都是较早期的作品，绘制手法简单朴素，有一种天真烂漫的童趣（如图 1 – 15、图 1 – 16）。

图 1 – 15 鹿纹盆

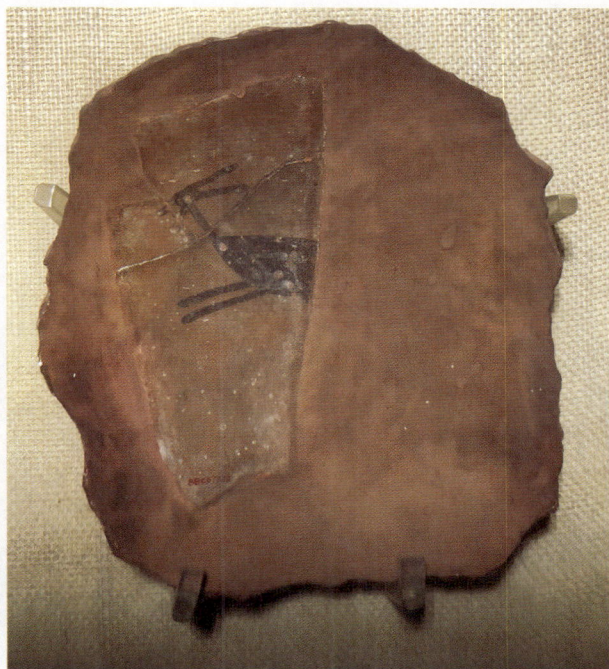

图 1 – 16 鹿纹陶片

　　还有一些几何纹样的彩陶，装饰效果也非常现代，也许也是从某些具象的动植物
形状发展而来的（如图 1 – 17 至图 1 – 19）。

图 1-17　几何纹陶盆

图 1-18　波折纹细颈壶 1

图 1-19　波折纹细颈壶 2

　　和半坡彩陶一样，甘肃马家窑彩陶同属于仰韶文化。马家窑彩陶有一些漩涡状的纹样（如图 1-20），表现手法非常成熟。这些漩涡状纹样的灵感可能来自水纹或者草叶纹。从形式上看，这些纹样的线条优美，漩涡的大小、组合疏密适宜，非常美观，符合现代审美观。从表现手法上看，画线条的技巧也相当高超。可以推测，这些纹样是用类似毛笔的工具描绘而成的。

图 1-20　马家窑陶瓶

6. 彩陶是怎么制作的

原始社会人们制作陶器主要有两种方法，一种是泥条盘筑法，一种是轮盘法。

泥条盘筑法是当时最常用的方法，不需要特殊的工具，只需把泥块搓成粗细合适的条形，在用泥做成的底面上盘成一圈一圈的泥条，盘到合适的高度，然后把表面修整光滑，最后画上图案进行烧制（如图 1-21）。

轮盘法是新石器时期最先进的技术（如图 1-22）。轮盘有点像现在做蛋糕的裱花台，但是旋转的速度很快。轮盘转动时，工匠将轮盘上的泥块拉高，成为器皿的形状。轮盘法制作出

图 1-21　泥条盘筑法

来的陶器比较对称，也很薄，最薄的可以达到 0.5~1 毫米，像蛋壳那样。

图 1 - 22　轮盘法

7. 现代人身边的陶艺

从 6 000 多年前开始，陶器就一直存在于中国人的生活中。陶器从祭祀用品慢慢地变成了生活用品，从古代起，人们就用陶器吃饭、盛水。现代人也经常会用到陶器，人们用陶器花盆、工艺品装饰自己的房间，也会像 6 000 多年前的半坡人那样，自己动手制作手工陶器，体验一下其中的乐趣。

在陕西省富平县，有一个很大的陶艺村，陶艺村中的富乐国际陶艺博物馆群（如图 1 - 23），展示着各种各样的陶器艺术品。人们也可以在专业老师的指导下，用不同的方法制作喜欢的陶艺作品，绘制美丽的图案，烧制后可以把它带回家。在城市中也有陶吧这样的地方，人们可以尝试制作陶器，丰富业余的生活。

图 1 - 23　富乐国际陶艺博物馆群①

---

① 富乐国际陶艺博物馆群坐落于陕西省富平县陶艺村的千亩果林园中，是国内首家以现代陶艺为主题的陶艺博物馆，馆内已收藏展出来自 50 多个国家和地区的 500 余位陶艺家的近万件不同风格的陶艺作品。

【实践·试一试】

一、所需材料

（1）细腻少沙的泥土。

（2）适量水。

二、基本步骤

（1）将泥土加水和成软硬适当的泥团，根据设想的形状和大小做成底盘，在底盘与泥条连接的部分沾上水或泥浆。

（2）搓出粗细均匀的泥条。

（3）在底盘边缘开始盘泥条，一层一层向上盘。

（4）到合适的高度收口，一个容器就完成了。

待其干燥之后可以当作容器使用，如果有条件的话可以将其烧制成陶器。

图1-24　实践方法示意图

【在西安·看一看】

西安半坡博物馆

如果您在西安，到西安半坡博物馆去看看彩陶和 6 000 年前半坡人生活的地方，会是个不错的选择。乘坐地铁 1 号线到浐河站或半坡站下车，只需要走路就可到达。

在西安半坡博物馆，您可以看到原始时期的彩陶、半坡人居住的痕迹，还可以在馆里的"史前工场"体验一下做原始人的感觉！博物馆东边还有一个美丽的牡丹园，是一个适合放松心情的好地方。

【在西安·读一读】

游览西安半坡博物馆的时候，还可以看看《漫画半坡》《石器时代穿越指南》这两本书，通过这两本书能够了解到更多关于半坡人的生活，包括居住、丧葬、种植、狩猎、捕鱼、纺织等知识，并且《漫画半坡》有漫画插图，很适合小朋友阅读。

第二章
神秘的青铜器

在中国很多博物馆里，都能看到青绿色、布满密密麻麻纹饰的青铜器，它们散发着凝重和神秘的气息。青铜器在中国的数量非常庞大，种类丰富，体现着中国古代高度发达的工艺水平。

1. 什么是青铜

铜是人类使用得比较早的一种金属，它是一种比较坚韧又柔软的紫红色金属。在陶器时期就有少量的铜器被使用了，但因为铜的硬度不够，所以还不能取代石器。后来又有了新的技术产物——铜和锡的合金，也就是我们所说的青铜。加入锡之后，铜会变硬一些，经过无数次的试验，古人已经可以通过调整锡的含量得到不同硬度的青铜，用来制作兵器、食器、乐器、镜子、钻子等。

2. 青铜原来不是青色的

青铜是现代人根据它出土时候的色彩来命名的，而在古代，青铜被称为"金"或"吉金"，因为它发出金色的光芒，看起来非常吉祥。青铜经过了几千年的长期氧化，便形成了青绿的色彩，呈现出了另外一种神秘庄严的感觉。

3. 青铜器有什么用处

青铜器主要是祭祀用的。同时，它也是一种礼器，因为青铜材料珍贵，便成了王权、贵族权力的象征，它象征着统治者和贵族所拥有的权力和地位。青铜食器象征着食物、生存和富足。而拥有这些青铜器，代表了对富足和生命（尤其是奴隶的生命）

的占有。同时因为当时崇尚祭祀，迷信活动盛行，王室和贵族在出征、打猎、求雨、丧葬和宴会时，都要进行祭祀活动，这时就要用到青铜器。

不同阶层的统治阶级能拥有的青铜器有严格的规定，包括青铜器的种类、数量。如果用错、多用，就会被认为是逾矩，有非常严重的后果。因此贵族统治阶级都极为看重青铜器的制作，从而进一步促进了青铜器的发展。中国青铜器十分丰富，这在世界上都是少有的。

4. "鼎" 是最大的青铜器

"鼎"（音 dǐng）是青铜器中最大的一种（如图 2 - 1）。而最大的鼎是商代流传下来的后母戊大方鼎[①]。它高 133 厘米，口长 110 厘米，口宽 79 厘米，重 832.84 千克。它是一种青铜食器，由锅的形状演变而来。因为鼎本身非常重，所以上面有两个耳朵，可以用一根棍子穿进去，由几个人一起抬着走。鼎的下面有四个比较长的脚，空着的地方可以放柴火，用来煮肉、鱼。

图 2 - 1　青铜方鼎

鼎中煮的食物是祭祀的时候献给神明的。那时候的人们对理解不了的事情，就认为是神秘的力量造成的，于是祈求神明保佑自己。所以大多数的青铜器上都有很多夸张的图案，大概是出于人们对这种神秘力量的敬畏。

鼎有不同的形状，方形的鼎有四只脚，圆形的鼎（如图 2 - 2）有三只脚，大概是因为人们发现圆鼎三只脚就能支撑得很稳了。鼎一般都有两个耳朵。

①　过去一直被称为"司母戊鼎"。

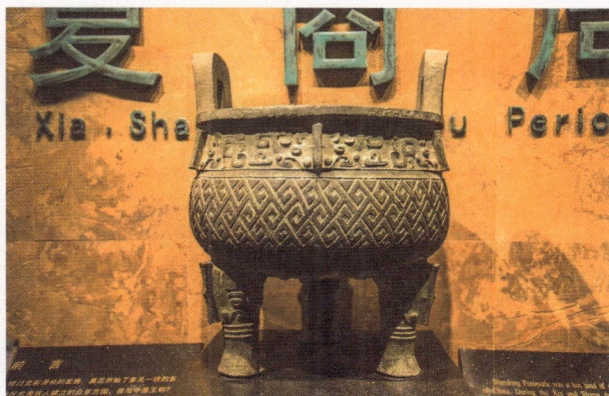

图 2 - 2　圆鼎

5. 青铜 "蒸锅"

古时有一种加热食物的蒸锅，叫甗（音 yǎn）（如图 2 - 3），它是由陶甗发展而来的。它由两部分组成，下边是一个盛水的容器，一般称作鬲（音 lì）（如图 2 - 4），可以加热。鬲比鼎要小，有的是三只脚，有的是四只脚。它的脚像个口袋，可以装更多的食物，加热起来也比较快。甗上面是一口锅，锅底部有孔，经过加热后，水蒸气可以从孔里通过，用来加热食物。这是一个很好的设计，不会像火那样把食物烤煳。

在当时，商代军队在战胜敌军后，会将敌方首领的头放在甗中蒸煮，作为祭祀仪式的一部分。这种甗还有三个一组的，下面加热的容器是连在一起的，上面分别放置三口蒸锅，可以蒸煮不同种类的食物，有点像现在中国人家里经常使用的燃气灶具。

图 2 - 3　甗、三联甗

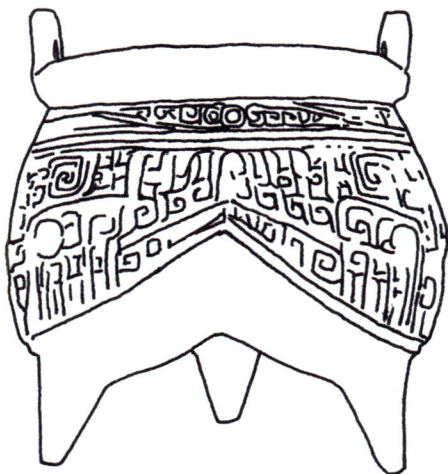

图 2-4 鬲

6. 青铜"碗"

比鬲小，在祭祀中和宴会上用来盛谷物的容器叫簋（音 guǐ）（如图 2-5），和现在的碗用途类似。它左右有两个把手，方便手握，下边有隔热用的底座。现在很多小朋友学习吃饭用的碗和这种结构很像，可见当时制作时考虑到了使用的方便性。

图 2-5 青铜簋（局部）

7. 热衷饮酒的商人

除了煮饭、吃饭用的容器之外，青铜器中还有非常多喝酒用的容器。青铜酒器有盛酒的、喝酒的、温酒的、调酒的，种类繁多，每一种又都有很多不同的形状和名称。在这些酒器里面，商代的最多。商代人热衷于祭祀和饮酒。商政权建立之后，几代君王都耽于享乐，尤其是最后一代君王商纣王，极度喜欢饮酒作乐。他命人用酒装满了水池，据说水池有130米长，30米宽，1.5米深，有好几个游泳池那么大，供纣王和他身边的人享用。纣王还把各种动物的肉割成大块，挂在树林里，一边玩耍一边随意吃喝。这就是"酒池肉林"这个成语的来历。商代君王都极度爱喝酒，这种喜好自然也影响了贵族阶级，变成了举国好酒，商代的酒器种类这么多也就不奇怪了。

8. 最大的青铜酒器

青铜酒器不仅种类很多，形状也相当有趣。有的酒器现在还在使用，更多的已经消失了，那个时期的古人在制酒、饮酒方面花了很大的心思，酒具比现在丰富得多。

尊是酒器里面最大的，属于盛酒器，是存放酒的容器。妇好青铜鸮（音 xiāo）尊（如图2-6）外形像一只鸮鸟，由两条腿和一个尾巴做支撑，头部后面有盖子可以打开倒酒。它的外形精巧，生动传神。

图2-6 妇好青铜鸮尊

9. 尊贵的"爵"

　　饮酒器中最著名的是爵（音 jué）（如图 2 - 7），只有最高贵的贵族才能使用，能用它喝酒的人具有很高的身份地位。因为其特别的造型，爵现在经常作为装饰摆件，很少用它来喝酒了。爵下面有三只长长的脚，有长长的口部和圆圆的腹部，在腹部的一侧有一个把手。形状比较圆的口部是喝酒的位置，形状比较尖的口部是倒酒的位置，喝起酒来很有仪式感。

　　爵的口部还有一个或两个像小蘑菇的物件，叫"柱"，很有装饰感，具体有什么作用，人们有很多不同的猜想。有的人说，这是一种象征作用，代表了致幻的蘑菇，象征人们喝酒之后意识不清、出现幻觉。也有的人说这是为了在喝酒的时候挡住嘴巴，显得有风度。还有的人说，这是为了绑住一块纱布，在酒液进入嘴里之前过滤掉酒里的渣滓。甚至有人猜想这是为了清洗完之后倒过来放，以把水控干净。

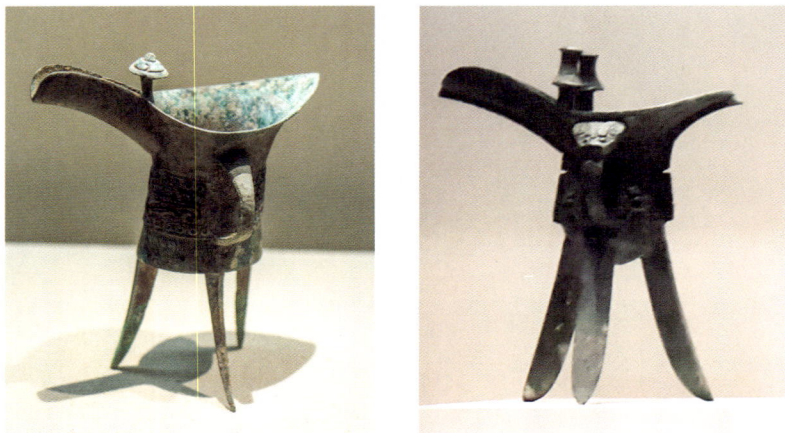

图 2 - 7　爵

10. 酒是需要"调"的

　　有一种调酒器，叫盉（音 hé）（如图 2 - 8）。形状很像现在的茶壶，但多了三只脚。又像一个鬲，加了一个盖子、一个把手和一个出水管。有的盉还有提梁。盉是用来装水或者其他液体的，以调整酒的浓度和口味。由此可以推想，古人喝酒也照顾到了不同人的喜好，可以根据需要调整酒的口味。

图2-8 盉

11. 洗手也要有专业的用具

除了数量众多的酒器之外，青铜器中还有盛水用的水器。在祭祀前，贵族们需要洗手，由一个仆人拿着匜（音 yí）（如图2-9）倒水，一个仆人端着青铜盘（如图2-10）接水。上面提到的盉，也可以用来装水当作匜使用。

图2-9 匜

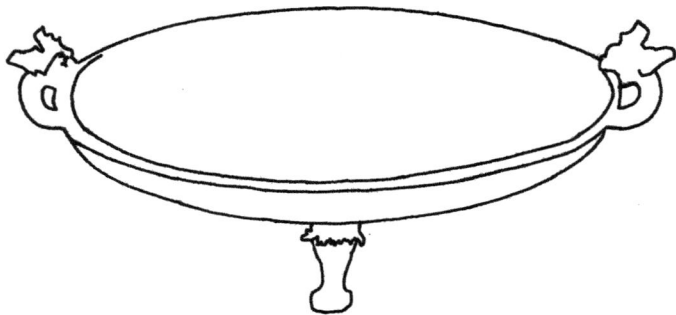

图 2 - 10　盘

12. 世界音乐的高峰

青铜乐器也是祭祀中不可缺少的部分，人们沐浴更衣，为神明和祖先演奏一段音乐的同时进行祭祀活动。青铜乐器大多数是敲击乐器。其中，钟是最有代表性的，是一种比较古老的乐器。这种乐器有不同的大小，敲击时发出的声音高低不同，所以一套乐器通常有几十件，按照大小不同，悬挂在巨大的架子上，称为"编钟"，由乐师用木槌、木棒敲击演奏。最大的钟高有一米多，最小的只有几十厘米。敲击的声音非常浑厚、悠扬，在空中久久回旋不能平息，仅仅听到音频就能让人心潮澎湃、思绪万千。

由于保存完好，很多编钟现在仍然表现出色。战国早期的曾侯乙编钟（如图 2 - 11），十二个半音齐备，音域跨五个半八度，只比现代钢琴少一个八度，而钢琴在此后2 200 年才出现。曾侯乙编钟在 1978 年为全世界人们演奏了多首乐曲，其中包括赫赫有名的《国际歌》。

遗憾的是现在没有当时音乐的资料，所以没办法知道那时古人演奏的究竟是怎样的乐曲。但是一些有理想的音乐人已经致力于为编钟编写民族音乐，试图还原编钟古老的魅力。其中比较出名的是龚琳娜和她的德国丈夫老锣。2017 年老锣创作的《湘夫人之歌》，由编钟配乐，龚琳娜演唱，整首歌曲里没有歌词，只有吟唱和错落的编钟敲击声相互应和，气势恢宏，令人心动。老锣这样说："200 多年前，因为有了贝多芬，世界音乐的高峰在德国，但是在 2 000 多年前，因为有曾侯乙编钟，世界音乐的高峰在中国。"

图 2－11　曾侯乙编钟

13. 残酷的青铜器

　　壮美的青铜器也有残酷的一面，青铜兵器杀伤力非常大。因为有了厉害的兵器，原始部落在交战中的战斗力增强，部落因而可以统治更大的领域。因为在原始社会，人们的兵器只有木棒、石头，很多时候战斗都靠赤身肉搏，不容易造成大面积的伤亡。而青铜兵器非常坚硬，又有锋利的刃和尖，在战争中威力极大。从某种意义上说，统一的奴隶制国家的建立，是和青铜兵器的发明和使用相关的。《尚书·周书·武成》中记载，周武王和商纣王在牧野会战，纣王的部队大败，死的人血流成河，能把木棒都漂起来。因而有了成语"血流漂杵"。

　　戈（如图 2－12）是当时盛行的一种兵器。它由农具发展而来，出现得比较早。弧形的位置用来勾和砍，尖状的位置用来刺，在垂直位置固定长棍，小孔用来穿绳子，把长棍和戈头绑在一起。作战时，用戈横扫敌军，弧形的刃口勾住敌人的脖子，再用力一拉，就能割断喉咙。双方都用戈交战，戈头就会互相勾住，这样就成了力量的较量，如果戈头绑得不牢，就会战败送命。两戈交战，必有一残。所以"残"字，就有两戈相交的意思。

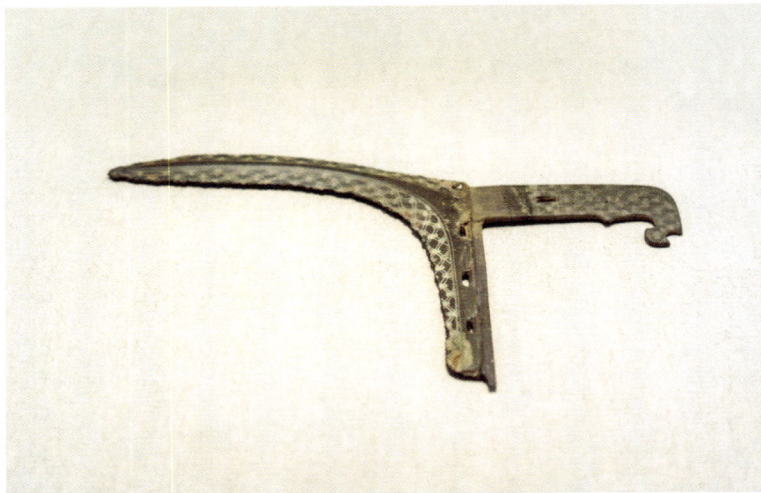

图 2 - 12　青铜戈头

14. 神秘的青铜器

　　青铜器看起来很神秘，是因为它的表面颜色是青绿色的，又通常有很夸张的图案，给人一种严肃、捉摸不透的感觉。青铜器之所以显示出神秘莫测的气质，和它特别的、多样的形状有关，和它深沉、富有变化的色彩有关，更与它身上复杂、夸张的纹饰有关。

　　我们可以看到许多青铜器表面布满了不同形状的纹样。这些纹样有的像动物的两只大眼睛，有的像鸟，有的像鱼鳞，有的像蛇，有的说不出像什么。但是，它有一种很强的侵略性，从它身边经过，想忽略它是很难的。

15. 兽面纹

　　最特别、看起来最恐怖的应该是兽面纹。它像一个动物的头，有凸起的眼睛、竖起的耳朵、张大的嘴巴（如图 2 - 13 至图 2 - 15）。在很多青铜器的表面都有兽面纹，有大有小。有人认为它是中国古老传说中的怪兽饕餮，是上古时代黄帝打败蚩尤时，蚩尤头落在地上变成的。传说中这种动物非常贪吃，把自己的身体都吃光了，只有头，没有身子。所以现在用"饕餮"二字形容贪婪、贪吃。

　　在兽面纹的旁边，密密麻麻地布满了一圈一圈的线条，像一个个"回"字，称为"回纹"。

图 2 - 13　兽面纹青铜器（局部）1

图 2 - 14　兽面纹青铜器（局部）2

图 2 - 15　兽面纹青铜器（局部）3

16. 鸟纹

商代的青铜器形状和纹饰是最复杂最神秘的。商代是商部族的人建立的，传说商部族的祖先"契"的母亲在河里洗澡时吃了黑鸟的蛋，然后怀孕生了他。商人认为自己是黑鸟的后代，因此在青铜器中有一些鸟纹出现。

到了周代，统治阶级吸取商代的教训，认为饮酒过度会导致政治上的昏庸，因此全国禁酒，周代的酒器就越来越少。青铜器形状和纹饰上的神秘感也逐渐减弱，更多地让位于美观的装饰感。鸟纹因为具有较强的装饰感，在青铜器上出现得更多了。

17. 乳钉纹

除了动物纹饰之外，青铜器上还有一些抽象的纹饰。应用得最广的应该是乳钉纹。很多青铜器上都或多或少能见到乳钉纹（如图 2 - 16、图 2 - 17）。之所以叫乳钉纹，是因为它的形状像乳头或者钉子，具体这个形状代表什么含义，也有不同的说法。有人认为是眼睛，有人认为是太阳，也有人认为是简单的几何形状。

图 2 - 16　乳钉纹青铜钟

图 2 - 17　乳钉纹编钟

　　其实对于这种凸起的装饰，现代人也有相同的喜好，铆钉包就曾风靡一时（如图 2 - 18），受到女孩们的欢迎，这也许是从乳钉纹得来的灵感。

图 2 - 18　铆钉包

18. "中国"的由来

最有历史资料价值的纹饰当属青铜铭文，也就是青铜器表面的文字。这些文字通常记录了当时的重大事件、青铜器的主人等重要信息。长久以来，史学界判断一件青铜器的价值，通常是由这件青铜器上刻有多少个文字决定的。一件青铜器经常会因其上面发现了铭文而身价倍增。

有一首很流行的歌，其中有一句歌词唱道："我们都有一个家，名字叫中国。""中国"这个词就来源于周代的青铜器。在一件叫"何尊"的青铜器上，铭文中有"宅兹中国"（如图2-19）四个字。这尊青铜器就出土于陕西。"宅兹中国"的字面意思就是居住在中国这片土地上。在古代，"中国"是什么意思呢？古人认为，"中国"是天下中央的意思。不是说位置在中间，而是指全世界文明程度最高的地方。可见当时中国人对自己文明的自信。而如今留在世上的神秘、华美而壮观的青铜器也证明了这一点。

图2-19 "宅兹中国"铭文

几千年前的青铜器现在以另外一种方式出现在现代人的生活中。有一些青铜器造型的雕塑成为学校、企业、机构的景观，用来纪念或者铭刻一些重要的时刻，被长久地保留下来供人们参观（如图2－20）。还有一些酒具也借鉴了青铜酒器的形状和纹饰，并运用在产品包装或者纪念品中，受到人们喜爱。

图2－20　西安文理学院明德楼父辛爵雕塑

【在西安·看一看】

中国青铜器博物院

　　如果您在西安市，不妨去中国青铜器博物院看一看。它在距西安市150公里的宝鸡市，两个多小时车程。原名是宝鸡青铜器博物院，新馆位于宝鸡市滨河南路石鼓山上的中华石鼓园内，是中国最大的青铜器博物馆，馆藏文物12 000余件（组），其中一级文物120余件，包括上文中提到的"何尊"。

【在西安·读一读】

　　如果您对青铜器感兴趣，并且还想了解更多关于青铜器的知识，推荐阅读由梅琪编著的《古铜器》。这本书从青铜器的制作工艺、青铜器的分类和用途、青铜器的纹饰等方面详细讲述了青铜文明，并且该书配有大量的图片，还有英文翻译，能带您更方便地深入了解中国青铜器。

第三章

地下军团——秦始皇兵马俑

被称为世界八大奇迹之一的秦始皇兵马俑，是一支拥有 8 000 个士兵的庞大军队。2 000 年前沉睡于地下，如今以一种极其雄伟的姿态展现在世人面前。拥有这支军队的是秦朝的第一个皇帝——秦始皇，他建立了中国历史上第一个统一的封建王朝，靠的就是强大的军事力量。他为自己建造了宏伟的陵墓，死后还把跟随他征战的精锐部队以陶俑的形式带在身边。

图 3 - 1　兵马俑全景图

1. 骁勇善战的秦军

战国时期的秦国还是一个小国，经过了商鞅变法后，开始奖励军功。秦国的士兵只要斩获敌人"甲士"（披甲勇士，一般为军中精锐前锋）一个首级，就可获得一级爵位、田一顷、宅一处和仆人一个。战后把敌人的人头砍下来带回军营，作为证据，斩杀的首级越多，获得的爵位就越高。

在重赏之下，底层贫农、奴隶有了改变命运的机会，都拼死杀敌。那时的奴隶们过着像牲口一样的日子，没有自由，只要上战场砍一颗人头，就可以成为自由人，再多砍两颗就可以让家里的亲属变成自由人。除此之外，奴隶几乎没有为自己赎身的机会。所以当时在民间听到打仗就高兴，平时谈论的也是和打仗有关的事情，甚至对于打仗就像狼见到肉一样迫不及待。有的士兵为了在战场上行动更灵活，甚至不穿盔甲，可见当时秦人战斗的勇气和决心。《战国策》中记载，秦军不穿盔甲光着膀子，追着打全副武装的六国军队，左手拎着人头，右手夹着俘虏，就像勇士吊打婴儿一样。因此秦国如果攻打六国，如同千钧之力压在鸡蛋上，后者必不可能幸存。秦军在当时被称为"虎狼之师"，形容他们凶猛得像猛兽一样，令敌人闻风丧胆。

这些记载可能有夸张的成分，但从秦兵马俑的神情、动作来看，的确是充满杀气。士兵们神情严肃、紧张，目光炯炯有神，逼视前方，双眉皱起，嘴巴紧闭，仿佛敌人就在眼前。跪姿的俑也是备战状态，双手扶着兵器，单腿跪地，腰部挺直，好像随时准备站立起来加入战斗。没有一个俑的状态是松懈的、懒散的，看表情就觉得他们不是好惹的。整支队伍显示出一种咄咄逼人的锐气，让人汗毛直立，不得不佩服秦始皇的军队训练有素、个个精锐，充满战斗力。

图 3-2　跪射武士俑

图 3 - 3　立俑（局部）1

2. 男子气概

兵马俑的形象应该是以当时军队中的士兵为原型的，而且雕刻和打磨得非常细致，和真人没有两样。兵马俑是秦代陕西男人的典范，单眼皮、宽额、阔腮，比起现在的小年轻来，是妥妥的"纯爷们"，阳刚气十足，加上平均身高 177 厘米，充满着男子气概。

图 3 - 4　立俑（局部）2

每个俑都留着英气十足的胡须，而且样式繁多，有络腮胡、各式各样的八字胡。胡须都经过修饰美化，显示出多样的男人味。秦代的成年男子都留胡须，只有犯了罪的人才剃须，在当时胡须是美男子的象征。

兵马俑都是单眼皮，这是典型的汉人长相，秦人就是最原始和最典型的汉人，到了汉代尤其是魏晋南北朝之后，民族大融合，汉人的血统已经不再纯粹。不过也有人说，双眼皮是当时用颜料画在眼皮上的，由于颜色脱落，才变成了单眼皮。但从秦俑面部精雕细刻的写实风格来看，画双眼皮这个操作可能性不大。到现在单眼皮仍然是东方长相的特征，从长相上看，现代陕西人仍然和兵马俑很相似。

身材高大魁梧的兵马俑，就连现代人也得羡慕几分。有人说现代人在身高上不及古人，也有人说这个高度是夸张的，是为了显示出秦军的威武气势。据考古研究，古代男人的平均身高为 160 多厘米，所以兵马俑并不是常人的身高。兵马俑是参照军队中的精锐军进行制作的，而精锐军是从几十万军队中选拔出来的，应该比普通的士兵身体素质更强，所以 180 厘米左右的身高应该说是合理的。在兵马俑中还出土了一件 250 厘米高的兵马俑，他的脚掌就有 54 码，这应该属于兵马俑中比较特殊的。有人说在历史上曾经出现过巨人族"长狄人"，至于是否真的出现在秦军之中就不得而知了。

图 3-5　群俑 1

3. 千俑千面

据统计，兵马俑有 8 000 件之多，这中间却几乎没有两个俑是同一张面孔，这让兵马俑更加逼真，不得不让人感叹。从兵马俑的脸型上看，大致有 8 种。

第一种是"国"字脸，这种脸型是长方形，方形额头、方形下巴，五官也比较突出，浓眉大眼，脸部肌肉比较发达，咬肌丰满。"国"字脸型比较男性化，给人一种性格坚毅、刚强的感觉，在秦代，这也是比较典型的脸型。

第二种是"用"字脸，这种脸型和"国"字脸有些相似，都比较方正，但比"国"字脸显得宽一些，尤其是下颌部位。这种脸型男性居多，看起来有一种宽厚、朴实的感觉。

第三种是"田"字脸，这种脸接近于方形，有的也偏圆一些。这种脸型的人气质纯朴，感觉容易接近，一般身材壮实，个头都不太高。

第四种是"目"字脸，这种脸型看起来比较长，五官显得比较小，给人整体的感觉比较深沉、儒雅。

第五种是"甲"字脸。这种脸型就是我们通常所说的瓜子脸，女性比较多见，而且也是现代女性非常追捧的一种脸型。

第六种是"申"字脸，即我们通常说的枣形脸，只是这种脸型比较少见，就算是在我们当代也是不常见的。

第七种是梨形脸，脸型偏圆，下大上小。

第八种是"风"字脸，这种脸型偏方，也是下大上小。

当时的工匠是如何高效完成"千人千面"的兵马俑的呢？研究者认为兵马俑是以上述8种基本脸型为基础，再进行五官和表情的变化，就成了另一个样子。据说当时的工匠是将头部分成两部分完成的。头部用模具制作，面部五官要进行精细的刻画，塑造不同的神态表情、胡须等，然后将两部分黏合在一起。通过不同五官和头部脸型的排列组合，就能完成很多不同的人物形象。

图3-6　兵马俑头部1

图 3-7　兵马俑头部2

4. 浓妆艳抹的兵马俑

　　兵马俑出土的颜色是陶土的灰白色,但根据部分残留在陶俑身上的颜色可以知道,这些看起来很威武的秦俑们,也是经过了精心打扮的。他们的面部、手、脚都涂上了粉红色,头发、眉毛、胡须、眼珠是黑色。有的穿绿色的短衣,衣领和袖子是紫色的,下身穿深蓝色的裤子,黑色的鞋子上系着橘红色的鞋带。有的穿红色的短衣,领子和袖子是粉蓝边的,下身穿蓝色或绿色的裤子。

图 3 - 8 立俑表面彩绘

图 3 - 9 立俑面部彩绘

5. 丸子头的鼻祖

如今很多女生都喜欢扎一个丸子头，时尚又可爱。看到秦俑的发型时，你是否感觉找到了丸子头的鼻祖呢？秦俑的发型有很多不同款式，直髻的，歪髻的，还用小辫子连在一起汇总在发髻下方用绳子系牢，比现在的丸子头更精致。

古人认为，身体发肤受之父母，绝不能有丝毫的损伤，爱护身体就如同敬爱父母。所以，古人不剪头发，不论男女都留长发。据记载，秦代的法律规定在斗殴时如果拔剑砍断了别人的发髻，就会被判四年徒刑，可见秦人对头发是很重视的。

除此之外，据说这样的发型在战场上是非常实用的。可以想象，在战争中，士兵们随时要准备近距离的肉搏，如果留着飘逸的长发，容易被人抓住头发而难以脱身，这样高高挽起的发髻则让人很难找到破绽，而为了加固头发，以免奔跑或者搏斗的时候散落，或者碎发影响作战，从鬓角两边或者脖颈处编起来的辫子可以起到很好的收拢效果，在必要的位置还会加上发卡固定，保证了士兵们作战时的高效和安全。

图 3-10　兵马俑发髻

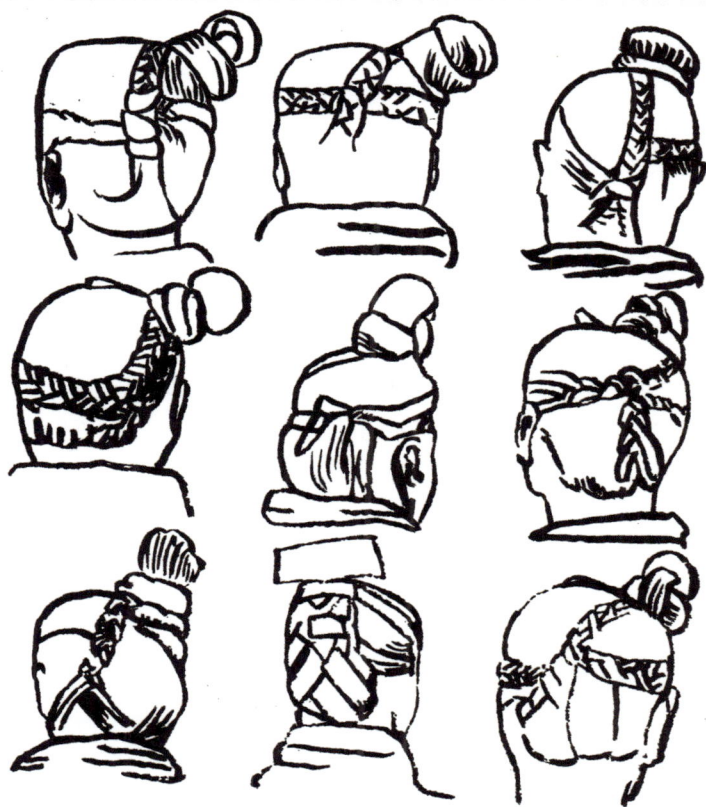

图 3 – 11　兵马俑各式发髻

图 3 – 12　群俑 2

6. 砖做的枕头

在秦始皇陵周围的村子里，当时负责挖掘的考古队发现这样一个奇怪的现象：很多农民家中，老年人习惯在床头放着一块很大的长条形砖（长约40厘米，宽约15厘米，高约9.5厘米）。原来这是老人睡觉用的枕头。据说这用砖做成的枕头有奇效，夏天枕着睡觉凉爽，身上也不出汗；冬天枕着也不觉得凉，睡觉也不做梦，睡得香。慢慢地，人们相信秦始皇陵出土的砖有治疗疾病的功效，尤其对失眠、高血压有很好的治疗效果，不用打针吃药。据说从旧社会开始，附近的人就相信这一点。现代人可能觉得奇怪，一块砖的厚度是9.5厘米，比我们的枕头可高多了，再加上还是硬的，能舒服吗？其实不只是秦始皇陵周围，陕西其他地方用陶瓷做枕头也是很常见的。陕西十大怪之一就是：睡觉要枕砖头块。陕西人亲切地把它称为"金不换"，意思是给金子也不换。可能因为人的头部消耗热量较多，所以喜凉。陕西的黄土土质细腻，加上秦代的工艺精湛，所以秦砖的质量特别高，在兵马俑脚下埋藏了2 000多年仍然完好无损。

图3-13 瓷枕（长约34厘米，高约14厘米）

7. 兵马俑流行标签

由于兵马俑受到很多人的喜爱，现在兵马俑并不只是在博物馆才能看到，它出现在现代人生活的很多角落，而且越来越时尚。比如一些具有陕西特色的饭店会把兵马俑雕塑放在门口吸引顾客；一些年轻的创意团队将兵马俑设计为可爱的胖萌卡通小人，用在文创产品中，如制作成兵马俑风格的文具或手机壳等；还有一些兵马俑形象的表情包也受到大众的喜爱；喜欢考古的朋友还可以在博物馆体验自己动手"挖掘"一尊兵马俑，感受一下文物出土的乐趣。

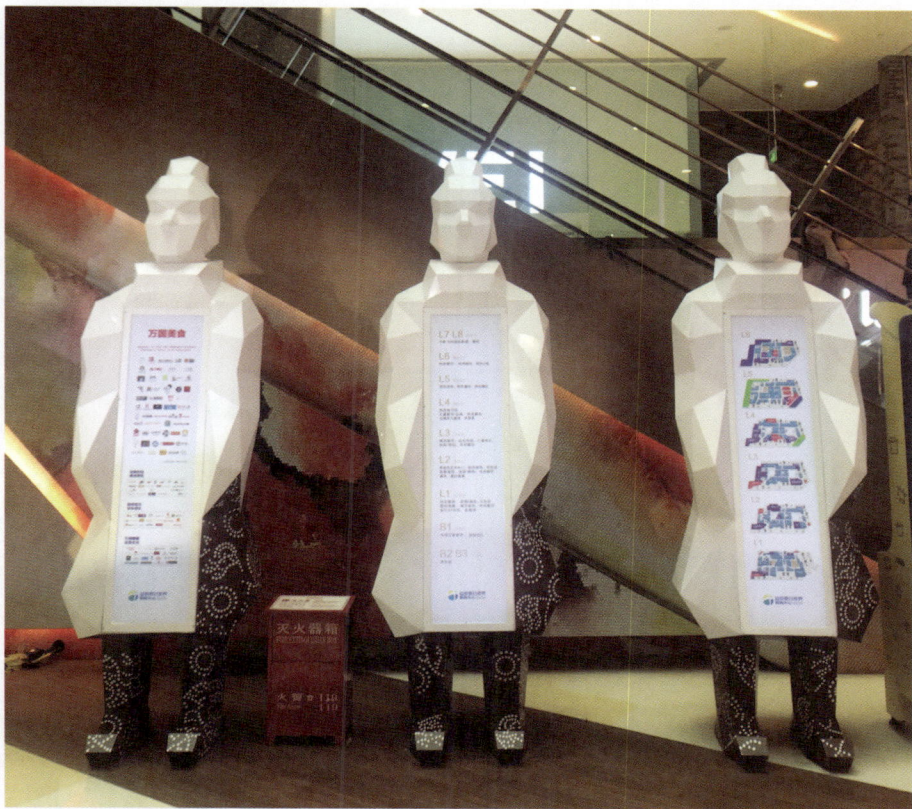

图 3 – 14　西安益田假日世界购物中心导视

【在西安·看一看】

秦始皇兵马俑博物馆

　　参观秦始皇兵马俑博物馆是来西安旅游的必经行程，它是秦始皇陵的一部分，在西安市以东 30 公里临潼区的骊山。游客可以参观一、二、三号三个兵马俑坑。一号坑是一个战车和步兵相间的主力军阵，有约 6 000 个真人大小的陶俑。二号坑是秦俑坑中的精华，由战车、骑兵、弩兵组成。三号坑是军阵的指挥系统，面积最小。只有真正去过了，才会发现，秦始皇陵的壮观不是言语可以形容的，秦始皇陵的实地旅行不是观看图片就可以取代的。

【在西安·读一读】

如果您还有兴趣了解更多关于秦始皇、秦始皇陵和兵马俑的故事，推荐您阅读徐卫民著的《游访秦始皇帝陵与兵马俑·梦回大秦帝国》和袁仲一著的《秦兵马俑》这两本书，您可以在书中畅游大秦帝国。

第四章
中华第一萌石——霍去病墓群雕

霍去病墓群雕是中国现存最早的石雕，同时也是比较少见的大型群雕，共有石雕 16 件，其中有 12 件被国家文物部门鉴定为国宝，其余均为国家一级文物，可见价值之高。雕塑分布在霍去病墓上方的土坡上，有各种不同的形象，风格大气又不失可爱，可以称为"中华第一萌石"。

1. 战神

霍去病墓群雕在艺术界赫赫有名，它的主人霍去病当然不是等闲之辈。霍去病的姨父是汉武帝，姨妈是皇后卫子夫，舅舅是大将军卫青，他生下来就是皇亲国戚，想来外表也是英姿飒爽。他是汉武帝最器重的大将，十八岁的时候就跟随大将军卫青，率领八百骁骑深入大漠，歼灭敌人两千，大破匈奴骑兵。此后又六次出击匈奴，击败匈奴主力，打开了通往西域之路，被封为骠骑大将军、冠军侯，可称为"一代战神"。他功勋卓著，却又英年早逝，汉武帝惋惜不已，将他葬在自己的茂陵旁边，就是今天仍然能看到的霍去病墓。

2. "去病"是去谁的病

"去病"这个名字并不常见，据说其中有一个典故。霍去病的母亲卫少儿是皇后卫子夫的姐姐。有一次，卫少儿抱着不满周岁的儿子进宫探望妹妹。不料快到汉武帝和卫子夫的寝宫时，孩子突然大哭起来，而正生病在床的汉武帝被惊出了一身汗。由于出了汗，汉武帝顿时觉得病好了很多。于是就把卫少儿和孩子叫到跟前询问，得知孩子还没有名字时，就给他赐名"霍去病"。现在很多人因为霍去病的名字而对他倍生好感，觉得他有能够去除病痛的神力。据说在甘肃的五泉山上，霍去病雕像下的名字争相被游人抚摸，希望能够"去病"。尽管这种做法有些牵强，但也确实寄托了人们一种美好的愿望。

3. 群雕之首——马踏匈奴

在霍去病墓冢正面，可以看到一匹立马，体格健硕，嘴巴微张，身体下方有一个满脸胡须的人，左手拿弓，右手持箭，双腿蜷曲，脸上一副龇牙咧嘴的痛苦表情（如图4-1）。可见立马已经取得了这场战斗的胜利，将手持弓箭的人牢牢控制在身下，动弹不得。据考证，这个雕塑是为了表现祁连山大战，汉朝歼灭了匈奴奴隶主贵族休屠王的事件。马下的人长着蓬乱的头发、茂密的胡须，这是匈奴人的外貌特征。用马来表现战胜敌人的主题，一是因为在与匈奴的战争中，马具有十分重要的地位。只有用良马采取快速突袭的方法，才能在战争中形成抗衡之势，甚至取胜。霍去病当时就是采用了这种突袭的方法。他的骑兵每人平均配三匹马，速度奇快，经常让匈奴人来不及防备，于是可以迅速取胜，消灭大量匈奴主力。二是因为用马的胜利可以显示出霍去病所带领的西汉军队面对匈奴时保家卫国的豪情和必胜的信心。这是霍去病墓所有石雕里最能够宣示主题思想的一件作品。

图4-1　马踏匈奴

4. 汉代的战马

在所有的石雕中，马的数量最多。除了具有主题性的马踏匈奴之外，还有卧马和跃马两尊雕塑。这是因为西汉在与匈奴长达百年的战争中，最核心的战斗力来自骑兵，而骑兵制胜的关键就是马匹。马的数量、质量及能否保证长时间的供给，很大程度上决定了战争的最终结果。

卧马（如图4-2）的姿态流畅自然，马鬃被修剪得很短，左边蹄子扣住地面，右边蹄子微微抬起，马头上仰，看似伏在地面，但实际上从头、前蹄的动态来看，这是一匹神情警惕、马上准备起身的马。它的后蹄蜷曲，仿佛也在用力。雕刻师抓取了马匹由静到动的一刹那，在这个看似安静的石雕中，蕴含着动势，隐藏着一股力量。这匹卧马身体丰满健壮，雕刻手法朴实，充满了一种雄壮的力量。

图4-2　卧马

另外一尊跃马（如图4-3），马上要腾空跃起，头部甩向左边，因为惯性，马的下颌向右倾斜，与此同时，两只前蹄即将离开地面，后腿形态突出，仿佛正在发力。整体来看，跃马的雕刻手法要更粗犷简洁，是在一整块石头上刻了一些线条，立体感不及卧马那么强，甚至马的脖子和腿部肚子下方都没有镂空。但这也正是这尊雕塑巧妙的地方，正显示了马在跃起的一瞬间的动作是极快的，来不及看清其他部分的形态，重要的是跃起的姿态和速度给人们带来的冲击力。

　　此外，不做镂空处理使雕塑更加整体化，比较稳定，容易支撑，如果跃马的腿部下方镂空，那么小腿到马蹄这部分就比较细，时间久了容易被风化，也更容易损坏。在这一点上，马踏匈奴起到了同样的效果，匈奴的形态刚好填补了马腿之间的空隙，起到了稳定和不易损坏的作用，同时更巧妙地利用了这个空间。这让人不得不佩服当时雕刻师的绝妙创意。

图 4－3　跃马

5. 憨厚可爱的军中萌宠

　　除了马之外，牛也是打仗非常重要的工具，用来运送粮草，驮运物资。卧牛雕塑（如图 4－4）的背上雕有鞍和镫，推测应该是用来载人的快牛。比起战马，这头卧牛就显得安详放松了许多。整头牛的面部都是圆圆的形态，十分憨萌。从较低的角度看去，它正在看着你微笑，这种憨态可掬的样子，让人忍不住多看几眼。它的脖子下方有一些褶皱，这是牛在吃饱了之后的反刍现象，怪不得它如此安详满足，原来是在享受饱餐之后的悠闲时光。

图 4-4 卧牛

6. 石雕界最呆萌的文物

两条石鱼（如图4-5）瞪着圆圆的眼睛，头部用两条曲线和身体区分开，长着厚厚的嘴唇，其中一条仿佛还嘟着嘴巴，一副倔强的表情。这样的表现手法虽然简单朴素，但十分讨喜，现代人看了不由得会想起迪士尼电影《海底总动员》中的小丑鱼。这两件作品的头部是点睛之笔，身体几乎没有任何雕琢，但不影响人们对雕塑的认知和理解，反而更突出了那种质朴可爱。

图 4-5 石鱼

卧象（如图4-6）看起来天真活泼，整个身体包括头部、鼻子的形态都圆圆的，但还是保留了粗糙的石头质感，让人能联想到大象粗糙的皮肤。它的姿态放松，鼻子搭在左前腿上，身体稍稍向右边靠着，一副悠然自得的样子。这件雕塑非常生动，雕刻细致，为我们还原了真实小象的样子。现在中国境内已经很少野生大象了，但据说在古代中国，很长一段时间里，由于气候和植被的关系，是有野象生存的，只是因为气候等原因，它们逐渐灭绝了。

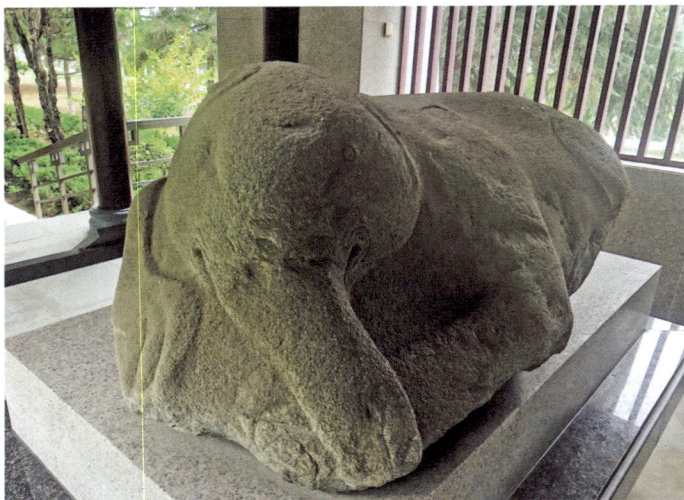

图4-6　卧象

7. 野兽出没的祁连山

整个墓冢模仿了祁连山的景象，因霍去病在那里征战过。那时的人们概念里的山和现在我们游山玩水的"山"不一样，它是极为原始的，有野兽、野人和危机四伏的紧张气氛。因而霍去病墓上放置了石雕以及很多大大小小的石块，看起来充满了原始的野性，其中几件具有野性的石雕是野猪、猛虎、野人、怪兽吃羊。

野猪（如图4-7）整个身体包括头部都伏在地上，尖尖的鼻子和头都向前伸长，耳朵紧贴着身体，三角形的眼睛正在朝上看，一副机警的表情，仿佛危险就在旁边。卧虎（如图4-8）呈现出雄健机敏的状态，爪子粗壮有力，长尾巴搭在背上，头部微微向后缩，眼睛圆瞪，伺机而动。头部的五官雕刻精细，身上的斑纹用线条表现出来，勾画得栩栩如生。如果你猛然看见它卧在灌木丛中，肯定会惊出一身冷汗。

图 4 - 7　野猪

图 4 - 8　卧虎

8. 只是两块大石头

除非经过仔细辨认，或者刚好站在一个特殊的角度，不然你见到这两件石雕时，心里一定会有疑问："这只是两块大石头吧?"这就是群雕中的两件作品：蟾和蛙。这两件作品体积庞大，绿色的一件是蟾蜍（如图 4 - 9），长 155 厘米，宽 107 厘米，近看在头部的位置有圆形的刻线，像蟾蜍的眼睛，嘴巴是张开的，露出了几颗尖尖的牙齿，石块粗糙的绿色表面，恰当地表现出了蟾蜍的肤质。远看时，粗糙的石质表面形成了蟾蜍的腿部线条，后腿向前弯曲，前腿离地贴在身体两侧，这是一只卧蟾，正伺机而动。观看时远近结合，才能领略到这件雕刻的魅力，细致与概括之间的对比让人回味。

图 4 - 9　蟾

另一件白色的巨大石块是蛙（如图 4 - 10）。这件作品长 285 厘米，宽 215 厘米，比绿色的蟾还要大出许多。雕刻师从尺寸上进行了强烈的夸张，在一块扁平的巨石上几乎没有雕刻的痕迹，只在一个尖角部位刻出了小小的眼睛和嘴巴。石蛙整个身体平趴在地上，从远处看，石块侧面的凹凸部分形成了蛙弯曲的腿部。

图 4 - 10　蛙

欣赏这两件作品是需要想象力的。边观察边寻找作品给人的提示，这也为欣赏石雕带来了很多乐趣。当你发现原来真的很像蟾蜍和蛙的时候，会有一种满足的惊喜。这种雕刻手法是很高明的，不把所有的细节呈现出来，而是让观赏者在思考和想象中将雕塑的形象补充完整，这能够激发观赏者的想象，使其得到更大的满足。

同时，这也反映出了中国艺术的一种审美取向，就是不追求"像"，意思到了就可以，单纯的"像"反而无趣。北宋文学家、艺术家苏轼在诗中说："论画以形似，见与儿童邻"，意思是如果用"像"或者"不像"来评价绘画作品，那和小孩儿的见解接近。用近代花鸟画大师齐白石的一句话来说，就是"妙在似与不似之间"。

在作品中采用如此概括简洁的手法，也是与其所在的环境相适应的。在植被茂密的祁连山深处，这些潜伏在密林中的动物是隐藏的，通常只露出一只眼睛、一个头部，在猛然之间你才能惊觉它的存在。如果雕刻细致，反而不像在野外环境下的动物，而像是家里圈养的了。

9. 石头中的浪漫主义

群雕中有两件宏大的作品，极其引人注目。

人搏熊（如图4-11）是其中一件。一个巨大的人，他的头部、面部、手部都极其夸张，人的五官清晰立体，有一个馒头形的大鼻头，皱着眉，额头上的皱纹也清晰可见。他双手抱着一只小熊，熊与人的身体紧贴在一起，仿佛正在进行一场力量的较量。巨人上排牙齿龇出来咬着下唇，仿佛用了很大的力气。粗大有力的双手将熊牢牢抱住，熊三角形的头部紧贴着人，好像咬住了人的下颌，打得难解难分。据文献记载，西汉时确有斗熊这种风气。汉武帝刘彻壮年时就曾经在上林苑设有斗熊的场所。这件作品可能以当时的活动为原型，但人与熊悬殊的比例体现出雕刻者对人必胜的信心，形象生动，像现在的漫画一样，为作品平添了浪漫主义色彩。

图 4-11 人搏熊

　　怪兽吃羊（如图 4-12）这件作品乍一看是一团没有形状的石块，在这混沌的形状中能辨明一个类似牛魔王的脸部轮廓，嘴巴张得很大，正咬着一只蜷缩着的小羊，它的两条前腿环绕着这只小羊，把小羊送到嘴边。这只怪兽体型庞大，因而显得尤其恐怖，衬托出小羊的弱小与无助。

图 4-12 怪兽吃羊

　　这两件作品同时具备紧张激烈的情节和夸张的形象、对比悬殊的体积，极具艺术张力，具有很强的浪漫主义色彩和感染力。

霍去病墓石雕艺术品是中国留存至今最早的石雕，由于当时的雕刻技术、工具还在起步阶段，因而相对比较概括、简朴，但仍然能看出当时工匠艺术家的创造力，而且发展出了雄浑、大气的风格。更可贵的是，这些石雕在今天人们的眼中还充满魅力，展现出雄伟或可爱的风格。

10. 霍去病墓风格的园林

今天园林的景观设计与霍去病墓有异曲同工之妙，很多地方修建了适合人散步游览的小山坡，在山坡的绿植中散落着一些石雕，以便人们在步行游览的过程中欣赏，起到了很强的装饰作用，也增添了不少游览的趣味。如西安文理学院镜湖附近就有这样的设计，在步行的小道两边山坡上，有石马、石羊等石雕，与绿草树木相得益彰，给人一种美的享受（如图4-13）。

图4-13　西安文理学院小景

【在西安·看一看】

霍去病墓

　　霍去病墓离西安市区并不远，位于茂陵博物馆内，从西安驱车不到一小时就能抵达。在这里您可以和 2 000 多年前的萌石近距离接触，它们都位于霍去病墓侧边的长廊，可以不用隔着玻璃罩来观看。因为不在西安市区，所以游客稀少，完全不必担心拥挤，可以迈着缓慢的步伐，慢慢地欣赏。

【在西安·读一读】

　　如果您喜欢这些萌石，想要了解更多背后的故事，推荐您阅读王志杰著的《茂陵与霍去病墓石雕》（三秦出版社）。

第二篇

书法绘画

　　书法绘画艺术在中国常常被并称为"书画"艺术，书法艺术又包括篆刻艺术。在中国的美学观念中，书法、绘画艺术是相同的，相互之间是有机结合的。

　　本篇内容主要介绍中国汉代的隶书、唐代的楷书、唐代的山水花鸟画、敦煌壁画以及中国的篆刻艺术。

　　隶书是汉代的正式书体，今天我们可以在大量考古发现的石碑上了解汉代形式多样的隶书艺术。唐代是楷书艺术的巅峰时期，出现了很多著名的书法大师，他们的很多书法作品被刻成石碑而保留了下来，其中最著名的有颜真卿、柳公权等。

　　唐代的山水画已经成熟，出现了"青绿山水"与水墨画的不同类型，近千年来，它一直影响着中国绘画艺术的创作。在考古出土的墓室壁画、帛画以及敦煌壁画中，我们还能看到唐代的花鸟画艺术。

　　佛教传入中国后，极度繁荣的宗教美术以雕塑、壁画为主要表现形式，敦煌莫高窟壁画与雕塑便是其中的代表。我们可以从色彩绚丽的唐代敦煌石窟壁画中，了解唐代中国人的菩萨信仰与绘画艺术水平。同时，通过了解祭祀信仰中的中国艺术，我们发现，中国艺术不仅具有鲜明的民族与地域特色，而且中外艺术的交流频繁，会给相互之间带来巨大的影响。

　　篆刻艺术是借助刻刀在石材上"书写"的艺术，它主要以篆书为表现对象，是中国艺术中非常独特的一种表现形式，今天依然受到艺术家与普通民众的喜爱。

第五章

汉隶唐楷

汉代是古文字向今文字转化的时代，隶书逐渐走向成熟，同时相继出现了草书、楷书和行书。汉代书法经历了篆隶并行、隶书成熟、隶书鼎盛的几个发展阶段。隶书的产生对于文字学和书法都具有重大的历史意义。

隶书彻底改变了篆书的象形性，使汉字由古文字阶段过渡到今文字阶段，这是汉字发展史上的伟大变革。隶书的产生使汉字结构发生了深刻的变化。隶书对篆书进行了省简、合并、讹变，改变了篆书的笔顺，由原来篆书的一笔分解为数笔。隶书对篆书的偏旁也进行了简化，形成了独具特色的结构。隶书的产生揭开了今文字演变的历史，为草书、行书、楷书的形成与发展奠定了基础，开辟了道路。

随着社会的发展，隶书也得到进一步发展，使用范围更加广泛，朝着更加成熟的方向发展。这时候，书写速度更快、更便捷的草书，也伴随着隶书的发展而逐渐发展起来，隶书出现草化现象，称为草隶。同时，隶书在草隶的基础上又逐渐形成了章草。这一时期书写材料也逐渐发生了变化，金文日渐减少，简帛、石刻文字逐渐增多。我们今天看到的隶书，大都存在于石碑、竹简、布帛上。汉代书法艺术发展的大趋势就是复杂且书写速度慢的篆书逐渐式微，更适合社会发展的隶书受到欢迎。

我们今天看到的隶书，它的字形、笔画等特征，形成于西汉中后期到东汉初期，隶书的字形和书写特征基本稳定。隶书特有的波磔笔画以及横向取势成为普遍的书写习惯。这种情况在石刻书法中体现得还不明显，在简帛书法中表现得最为突出。

与篆书相比较，隶书的基本特征在笔画上体现得最明显。隶书改篆书圆转的笔画为方折，变曲线为直线，并截断了篆书的圆匀长线，行笔中有停顿和换笔，这使得毛笔书写时的笔法开始增多。实际上隶书用笔是方圆兼施，只是与篆书相比较，增加了方笔的运用。而篆书自始至终都用圆笔，特别是弧形弯曲最多，没有侧锋和偏锋。隶书用笔不仅有方有圆、有曲有直，还增加了撇、捺、波、折等点画。显然，隶书的用笔较篆书更为丰富多彩。

篆书向隶书的转变主要体现在字形上，由篆书的纵势逐渐转向横势，笔画出现了

"一波三折"的变化。横势成为隶书最典型的特征，形成了中宫紧密、重心偏低、字形宽的特点。

"蚕头雁尾"是隶书的主要特征和重要表现手法。"蚕头"是隶书波横的起笔，逆势向左下角落笔，然后顿笔转锋，犹如"蚕头"；收笔时与蚕头形成相对平衡的波脚，俗称"雁尾"。"一波三折"是指写带蚕头雁尾的横画时，开头要束得紧，中间要提得起，收笔时要铺得满，波尾要铺得开，横笔呈波浪形，一笔中有三个波折起落，俗称"一波三折"。

1. 《马王堆帛书》

《马王堆帛书》是秦代末期和西汉初期的墨书手迹，1973 年在湖南长沙马王堆三号汉墓出土（如图 5–1）。《马王堆帛书》包括《老子》甲本和乙本等，章法独具特色，既不同于简书，也不同于石刻，纵有行、横无格，长度非常自由，有强烈的跳跃节奏感。

图 5–1　《马王堆帛书》（局部）

2.《西狭颂》

《西狭颂》为汉代隶书石刻，全称《汉武都太守汉阳河阳李翕西狭颂》，在甘肃省成县天井山摩崖。此石结字高古，庄严雄伟，用笔朴厚，方圆兼备，笔力遒劲（如图5-2）。碑文末刻有书写者"仇靖"二字，开创书家落款之例。

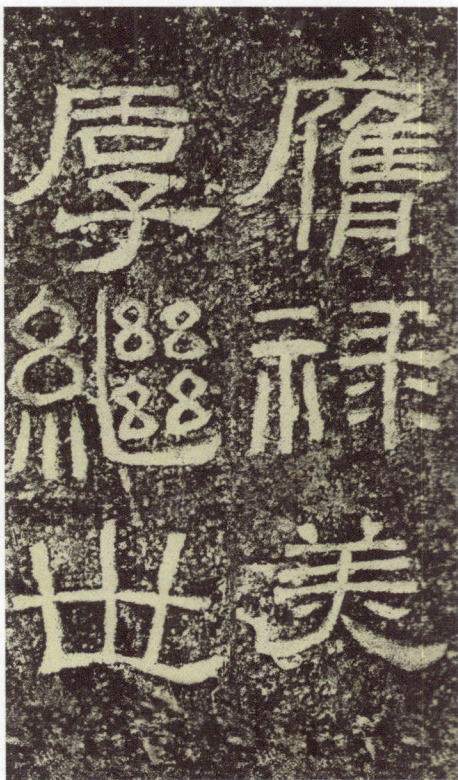

图5-2 《西狭颂》（局部）

3.《张迁碑》

《张迁碑》为东汉碑刻，全称《汉故谷城长荡阴令张君表颂》，立于山东省东平县。字体严密方整而多变化，用笔以方笔为主，方劲沉着，力气雄健（如图5-3）。碑背面的题名，更是流畅自然，为书家所称道。

图 5-3 《张迁碑》（局部）

4. 《鲜于璜碑》

《鲜于璜碑》为汉代隶书，全称《汉故雁门太守鲜于君碑》。此碑结字宽扁丰厚，整齐划一，用笔瘦硬有力，骨肉雄浑，棱角之处方笔森挺，不失秀俊，可谓斩钉截铁，开北魏切笔之先河（如图 5-4）。整幅气势浑穆刚劲，有茂密丰伟之感，与《张迁碑》风格相近，是汉隶中不可多得的精品。

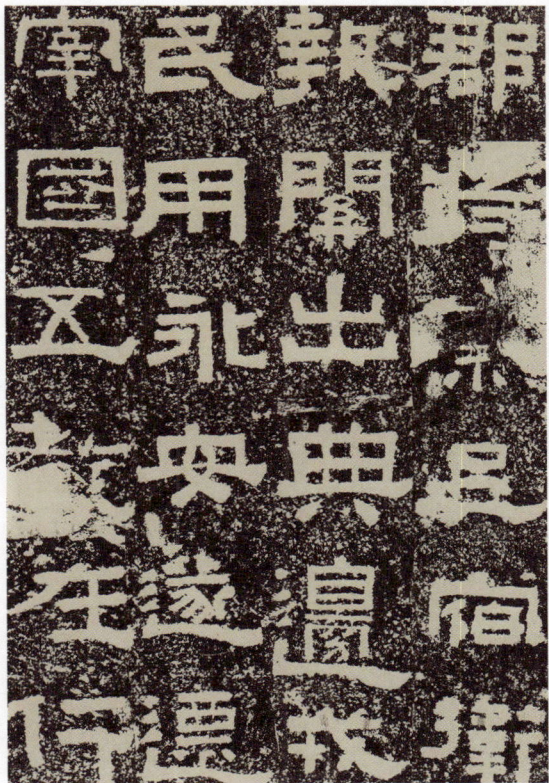

图 5–4 《鲜于璜碑》(局部)

5. 《礼器碑》

　　《礼器碑》为汉代隶书,全称《汉鲁相韩敕造孔庙礼器碑》,故又名《韩敕碑》。此碑位于曲阜孔庙,字体工整方纵,大小匀称,左规右矩,法度森严;用笔瘦劲刚健,轻重富于变化,捺脚特别粗壮,尖挑出锋十分清晰,燕尾极为精彩,体现出汉隶中典型的厚重;书势气韵沉静肃穆,典雅秀丽(如图 5–5)。清代大书法家翁方纲夸其为汉隶中第一。此碑对以后唐代楷法的形成影响重大。

图 5 - 5　《礼器碑》（局部）

6.《曹全碑》

　　《曹全碑》为汉代隶书，全称《汉郃阳令曹全碑》，现存于西安碑林博物馆（如图5－6）。在汉隶中此碑独树一帜，娟秀清丽，结体扁平匀称，舒展超逸，风致翩翩，笔画正行，长短兼备，与《乙瑛碑》《礼器碑》同属秀逸类。

　　东汉隶书得到全面发展，终于登上了正体地位，达到了发展的顶峰。由于东汉兴行厚葬及纪功颂德风气而大兴碑刻，成为官方正体的隶书在石刻中充分展示了它的艺术光辉。东汉碑刻隶书风格异彩纷呈，充分代表了隶书艺术的最高水平，成为后人竞相学习的楷范。

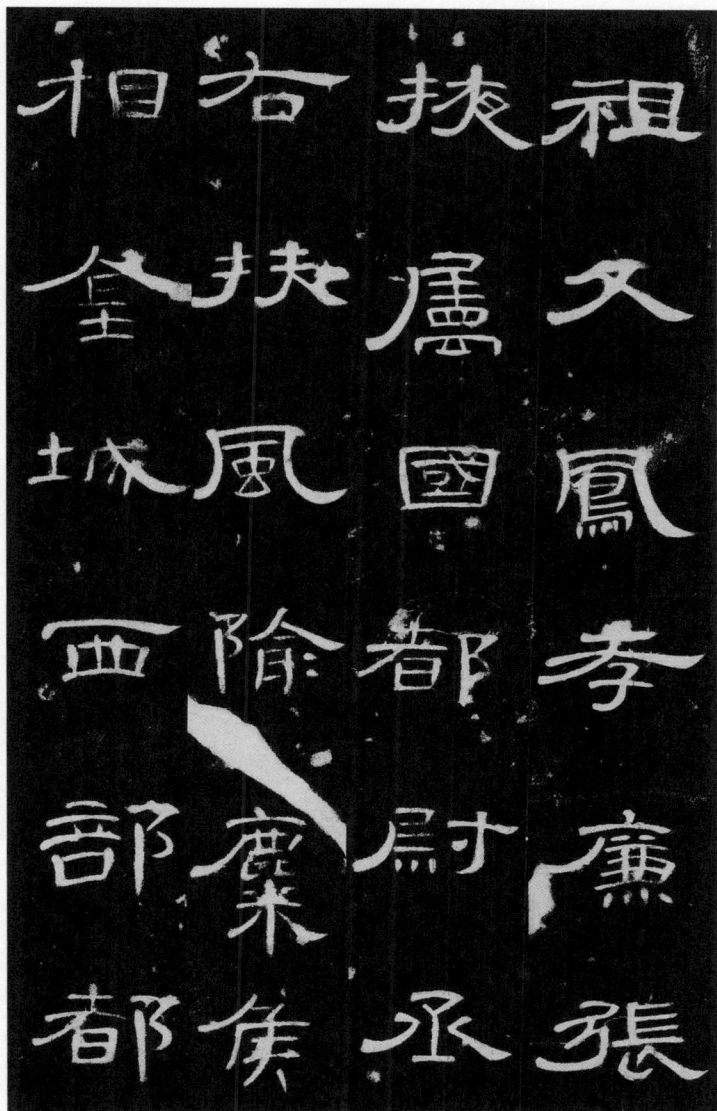

图5-6　《曹全碑》（局部）

7. 唐代楷书

唐代立国之后，经过短期的调整，政权得以巩固，社会迅速安定。唐太宗本人对书法非常重视，采取了许多有利于书法发展的措施。这种良好的社会条件为唐代书法的发展奠定了坚实的基础，直接影响着唐代书法的发展方向。相比汉代隶书，唐代有名的书法家和他们的书法作品，有很多都保存了下来，同时刻在石碑上的书法也为我们今天欣赏唐代楷书提供了大量的经典作品。整个唐代书法，对前代既有继承又有革新，成就最高的当属楷书。初唐时期以书法闻名于世的书法家就有虞世南、欧阳询、褚遂良、薛稷、陆柬之等，此后在书法艺术上有创造性的书法家还有李邕、张旭、颜真卿、柳公权、怀素、钟绍京、孙过庭等。唐太宗李世民和诗人李白也是值得一提的大书法家，尽管我们今天只能看到李白的一幅作品。

草书、楷书、行书发展到唐代都跨入了一个新的境地，时代特点十分突出，对后代的影响远远超过了以前任何一个时代。

8. 欧阳询

欧阳询是唐代楷书的代表人物之一。欧阳询是潭州临湘（今湖南省长沙市）人。他是一位受封男爵的唐代高级官员，同时由于书法艺术高超，被后世推为唐代楷书第一人，很多人花重金向欧阳询求字，当时很多王公大臣的墓志由他用隶书、楷书书写。唐代初期，欧阳询的书法影响很大，甚至流传到了国外。历史记载，很多人把欧阳询的书法当作练习楷书的模板进行临摹，唐太宗也十分欣赏欧阳询的楷书，专门让他在朝廷教授楷书技法。他的儿子欧阳通后来也成了一位著名的书法家，人们把他们父子并称为"大小欧阳"。欧阳询的书法主要学习继承了王羲之、王献之父子的书法艺术特征，同时他还学习了碑刻书法的特点。欧阳询的楷书初看时比较平正稳定，点画位置轻重缓急都准确无误，非常有法度，稍微改变其中一点，就会导致整个字出现错误。再一看，欧阳询的字与字之间都有着紧密的关系，其书法有着平正险劲的艺术特征。欧阳询除擅长楷书外，对于其他的书法艺术也很有造诣。

今天，流传下来的欧阳询书法主要是碑刻，有《九成宫醴泉铭》《皇甫诞碑》《化度寺碑》《虞恭公温彦博碑》等碑。他的楷书用笔、结体都有十分严肃的程序，最便于初学。后人所传"欧阳结体三十六法"，就是从他的楷书归纳出来的结字规律。

《九成宫醴泉铭》由魏徵撰写文字，欧阳询楷书书写（如图 5 - 7）。文字内容记载的是唐太宗在九成宫避暑时发现泉水的故事。此碑共有楷书 24 行，一行 49 个字，被后来的历代书法家奉为"欧体"楷模。仔细欣赏单个字体，我们会发现，字形四周的线条形成向字体内部弯曲的弧线，这就让字的内部显得十分紧凑；字体内部的短线条笔画，形成有次序的瘦长方形，长线条向外伸展拉长，形成字外部形状斜度大、对比强烈的菱形。在字体外形特征上，字的外部线条斜度越大，给人的感觉就越不稳定；相反，斜度越小，就越平缓。欧阳询在用笔上给人以险劲瘦硬的感觉。

图 5-7 　《九成宫醴泉铭》（局部）

9. 虞世南

　　虞世南是初唐书法四大家之一。虞世南的书法也继承了王羲之、王献之父子的书法特点，不过他的继承多于创造。虞世南，字伯施，越州余姚（今浙江省余姚市）人，因为受封为永兴县子，所以后世人称他为"虞永兴"。唐太宗李世民特别器重虞世南，常常与他讨论书法。虞世南去世后，唐太宗非常悲痛，大哭不止，后来还常常怀念，这种亲密关系在中国古代的皇帝与大臣之间是非常罕见的。虞世南在书法艺术上还影响了唐太宗，唐太宗也是通过学习虞世南的书法，才对王羲之的书法艺术有了进一步的理解和认识。

　　而虞世南之所以对王羲之的书法有深刻的理解，是因为他的书法老师是王羲之的七世孙智永和尚。智永也是一位著名的书法家。通过跟随智永学习，虞世南掌握了王羲之的书法特征，书法水平获得了很大的提高，他的书法名声也得到更广泛的传播。

虞世南书写的《孔子庙堂碑》，被历代书法家视为虞世南书法作品中艺术水平最高的。碑刻中的很多字与欧阳询的相似，但字形更加瘦长，字形结构上紧下松，字体内部空间比较疏松，用笔圆润雅致，笔画的转折处以圆转为主，线条变化比较简洁，对比含蓄不强烈（如图5-8）。我们可以通过欣赏唐代其他人写的佛经、墓志，了解虞世南楷书对当时社会风尚的影响。

图5-8　《孔子庙堂碑》（局部）

欧、虞二家均属以继承为主的书法家。虽然他们身上都体现出南北融会的特点，但是虞氏书法更多地体现出"二王"、南朝的书法风范。而欧氏书法则受北朝书法影响更深一些。欧阳询在楷书法度化构建上成就更为突出，因此对后世的影响更大。

总之，这一阶段的书法以继承为主调，是前代隋朝书风的自然延续，体现出南北融会的特点。楷书继续向法度化发展，虽然取得了一定成绩，但是尚未形成足以体现唐代特色的独立风格。

10. 褚遂良

褚遂良是钱塘（今浙江省杭州市）人。因受封为河南郡公，所以后世称他为"褚河南"。褚遂良精通文史，擅长书法艺术。虞世南死后，唐太宗曾哀叹身边没有人可以一起谈论书法，丞相魏徵便向他推荐了褚遂良。因为褚遂良书法艺术高超，又对王羲之书法有深刻的理解，所以很受唐太宗的赏识。褚遂良刚开始学习欧阳询、虞世南的书法，后来博览了王羲之的书法，才逐渐摆脱欧阳询、虞世南的影响，形成了自己独特的书法风格。褚遂良的书法为唐代初期的书法带来了新的风格，改变了原先只以欧阳询为主的瘦硬书法风格。

碑刻《雁塔圣教序》是褚遂良书法艺术成熟时期的代表作品。《雁塔圣教序》中的字形结构上偏方，比较疏松开阔，给人一种空灵婀娜之感（如图5-9）。用笔方圆结合，在字的点画上运用了行书上下连带的笔法，字与字之间互相呼应，顾盼有情。他的字线条精美，轻重粗细变化多端，富有弹性。后代书法家评价《雁塔圣教序》的书法艺术，认为唐代初期的书法从褚遂良开始，才真正告别了前代隋朝书法的影响，开启了属于唐代楷书的新格局。

图5-9　《雁塔圣教序》（局部）

不得不说的是，我们今天能看到褚遂良如此精美的书法艺术，要感谢唐代那些技艺高超的刻碑工匠。唐代时期，在石碑上刻字的技术已经远远高于以前，很多刻字工匠还能熟练掌握书法笔画之间转折的细微变化，并且能最大限度地展示不同书法家的风格和特征。唐代时期，很多著名书法家指定当时著名的刻字工匠为他刻碑，很多著名刻字工的名字也随着碑刻的流传而被我们熟知。这种现象也说明了唐代书法艺术的成就。

11. 颜真卿

颜真卿，京兆万年（今陕西省西安市临潼区）人。祖籍山东临沂，又称琅琊人。开元进士，曾受封鲁郡开国公，所以后世称他为"颜平原""颜鲁公"。他为人耿直，重气节。后因劝说叛贼而遭囚禁，两年后遇害，终年77岁。

颜真卿流传下来的楷书作品较多，前后风格变化也比较大。他的书法风格大致可以分为早、中、晚三个发展阶段，44岁书写的《多宝塔碑》是早期书法艺术的代表作，彼时颜真卿的书法艺术风格还没有形成。《多宝塔碑》字体结构平正均匀，用笔严谨、认真，后世对其艺术水平评价褒贬不一。不过这块碑中的字容易识别和快速阅读，所以成了后来印刷体的模板。

颜真卿中期的代表作是55岁左右书写的《臧怀恪碑》和《郭家庙碑》，这时候颜真卿的个人风格才逐步形成，字形偏长，重心向上，给人挺拔俊美的感觉。颜真卿在71岁时为自己曾祖父颜勤礼篆刻的《颜勤礼碑》，是他晚期的代表作，字的结构端庄大方，字形修长，用笔沉稳厚重，尤其是点画的起止与转折处，都有意强化用笔，着意修饰，形成了提按轻重缓急的强烈节奏变化（如图5-10）。晚唐时期的著名书法家柳公权，就是根据这种风格开创了自己的"柳体"风格。

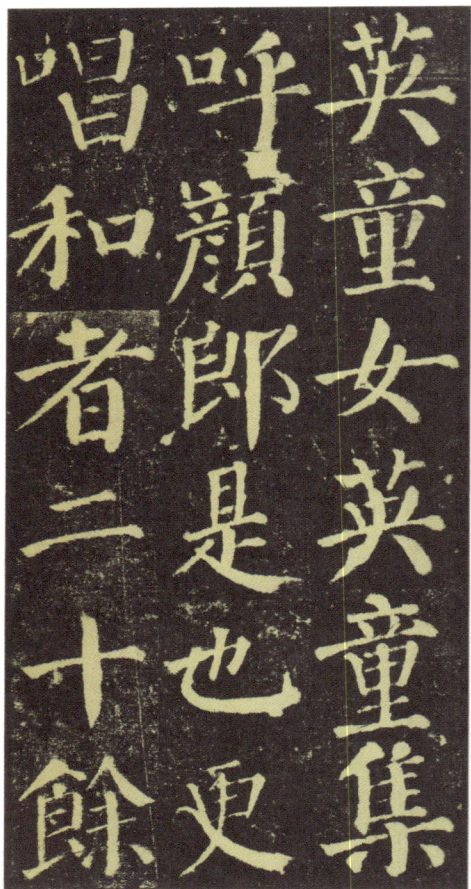

图5-10 《颜勤礼碑》（局部）

颜真卿70岁前后书写的《颜勤礼碑》《麻姑仙坛记》等作品，结体方阔，笔画粗细变化明显，气度雄浑博大，楷书笔法严谨，非常合乎字样规范，也便于印刷使用，因此很多后世书法家都从他的书法中学习方法。

颜真卿的书法在唐代具有划时代的意义。他以劲健的笔力，丰颐开朗的气度，打破了初唐以来楷书严谨的风格，创造出了代表唐代兴隆气象的雄强博大、浑厚丰腴的书法新风格，为楷书的发展开辟了新的途径，是中国书法继王羲之之后的第二个高峰，在中国书法史上具有突出的地位。

12. 柳公权

柳公权，京兆华原（今陕西省铜川市耀州区）人。因官至太子少师，受封河东县公，所以世人称为"柳少师"。柳公权终生与书法为伍，很受皇帝的青睐，在晚唐书法家中名声最大。当时如果哪位王公大臣家的墓志不是柳公权书写的，他家的子孙就会被认为是不孝。甚至外国使节来唐朝贡时，都会专门准备专款用于求购柳公权的书法作品。这说明柳公权书法在当时社会中的影响之大。

柳公权为人正直，敢于谏言。当时的皇帝理政有很多问题，柳公权假借书法用笔问题向皇帝提建议，他说要想将书法写好，首先要书写者自己内心端正，因为心正才能笔正，写出好的书法。这就是著名的"笔谏"故事。

柳公权的书法以当时流行的颜真卿书法为模本，兼顾初唐时期欧阳询等书法家的瘦硬风格，形成了自己结构严谨挺拔、中宫收紧、用笔刚劲瘦挺的独特风格。他的书法代表了唐代楷书法度的全面确立，为后世学习书法的人提供了完备的规范程式。

柳公权的楷书代表作品有流传下来的碑刻《玄秘塔碑》和《神策将军碑》（如图5-11）。后人评价《玄秘塔碑》的艺术特征，称它为柳公权书法中"最露筋骨"的，这种瘦硬锐利、行笔刚劲、转折方硬、个人风格十分突出的书法风格也是柳公权与前代书法家最大的不同之处。柳公权与颜真卿并称"颜柳"，在中国书

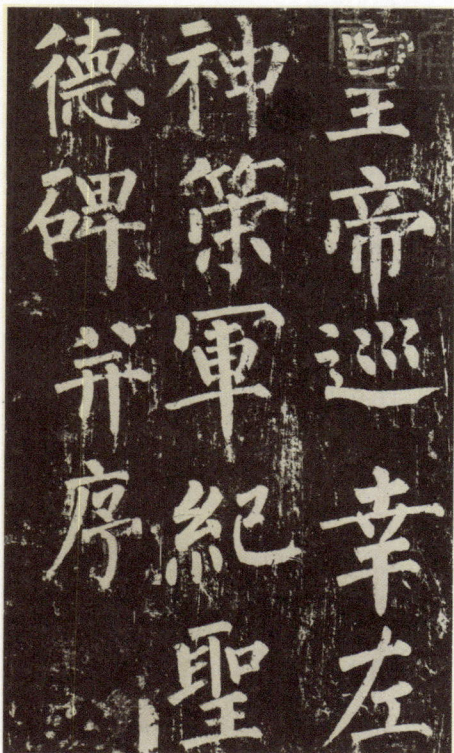

图5-11　《神策将军碑》（局部）

法史上有"颜筋柳骨"的美誉。柳公权的书法风行了一千多年，至今不衰，依然是后人学习书法的极好范本。

【实践·试一试】

颜体书法临摹

一、所需材料

（1）中楷或大楷毛笔、墨汁。
（2）带格子的宣纸、毛毡。

二、根据颜真卿书法艺术的特征，临摹"中华""天真"二词

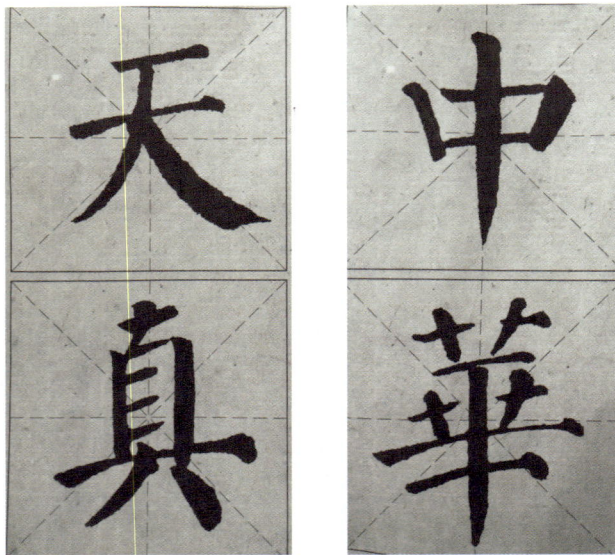

图 5-12　颜体"中华""天真"

【在西安·看一看】

西安碑林博物馆

　　如果您在西安，可以到著名的西安碑林博物馆参观浏览，西安碑林创建于1087年，是收藏中国古代碑石时间最早、数目最大的一座艺术宝库，陈列有从汉到清的各代碑石、墓志共一千多块。这里碑石如林，故名"碑林"。西安碑林是在保存唐代石经的基础上发展起来的。西安碑林内容丰富，既是中国古代书法艺术的宝库，又汇集了古代的文献典籍和石刻图案；记述了中国文化发展的部分成就，反映了中外文化交流的史实，因而驰名中外。

第六章

唐代山水花鸟画

　　唐代的历史就像一曲交响乐，它曲折地向上发展，奏至伟大的高潮，又慢慢由盛转衰，走向悲怆的终局。在唐初几十年中，绘画和诗歌一样，继续表现6世纪浮华造作的内容。中国文学批评家一直称这个时期是唐诗的春天。我们可以看到，绘画新风已经形成，细润之习一扫而尽，变为清新雄健之风。山水、人物、花鸟、鞍马等绘画名家辈出，风格多样。这个时期也可以称为唐代山水画的春天。

图6-1　展子虔《游春图》

　　唐代初期绘画大师的真迹没有保存下来，不过从展子虔的《游春图》（如图6-1），我们可以对他们的风格有一点了解。在敦煌壁画中表现山川的绘画手法，被展子虔借来表现纵深感，山峰画在一边，呈斜线状排列，打开通向远处的空间。可是从前面的树林到远处的树丛之间的突然跳跃有点破坏了想象的效果。画家非常认真地勾勒山峰的轮廓，线条细而富于弹性。虽然画面上的色彩褪了很多，但依然艳而不俗。画签上展子虔的名字由宋代皇帝赵佶亲笔题写。《游春图》风格古拙，画面有欣欣向荣的气象，好像预兆着唐文化的春天。

1. "大小李将军"的青绿山水

"大小李将军"指的是唐代的李思训、李昭道父子，他们是唐代的皇室子弟，被授予将军官职，其中李思训官至右武卫大将军。他们由于在山水画创作上取得的成绩，被美术史家称为"大小李将军"。李思训、李昭道父子继承了展子虔的传统，用中国画颜料中的石青、石绿加金色描绘山水树石，线条遒劲而细密，画面给人富贵华丽的感觉，贵族气息浓厚，完全是一派盛唐气象。他们还创造了斧劈皴法，开创了独创一派的画法，在美术史上被称为"青绿山水"，他们也因此被后世尊为山水画"北宗"之祖。

图 6-2　李思训《江帆楼阁图》

李思训山水画意境的形成与他曾经的隐居经历有关。《江帆楼阁图》传为李思训所作（如图 6 -2）。其子李昭道除善画山水之外，还擅于表现鸟兽、草木，都能达到传神的效果，不过画面有些华丽繁缛。

美术史上称得上"二李"风格集大成者的作品当属《明皇幸蜀图》（如图 6 -3）。

图 6 - 3　李昭道《明皇幸蜀图》（局部）

《明皇幸蜀图》用细密画的技法，描绘了宫廷的出行队伍，有可能是描绘 756 年，安史之乱中唐明皇逃难四川，松散疲惫的人马正在山中道路行进的场景。画面中的山岭十分险峻，道路迂回难走，逃难的队伍蜿蜒出现在崎岖的山道上。画面右下角穿红衣骑马的就是唐明皇，他正准备骑马过桥，马匹似乎有些畏惧，向后倒退的细节描绘得非常仔细。整幅作品中的山峰、树木、人物全用细笔勾画，没有运用斧劈皴法，在色彩上运用石青、石绿和丹粉等重色彩。虽然这幅图描绘的是皇帝率队伍逃难的场面，但依然表现得华贵富丽，很好地展现了唐代青绿山水画的风貌。

2. 王维和水墨画

受佛教、道教观念的影响，唐代文人和画家热衷于追求静、空、淡、虚等境界，这使得唐代的绘画风格开始放弃对富丽堂皇的艳丽色彩的追求，开始走向对黑白水墨画的探索。美术史上有记载的用水墨作画的著名画家有王维、张璪、项容、王墨等人。其中王维的水墨画及其绘画思想，对后世中国绘画的发展影响最大。

王维，字摩诘，唐代著名诗人、画家，太原祁县（今山西省晋中市祁县）人，开元时期进士，因他曾官至尚书右丞，所以世人称他为"王右丞"。

据传，王维是水墨山水画的创始者，擅长描绘雪景、栈道、晓行等题材，可惜王维的山水画真迹并没有流传下来。今天能见到的《伏生授经图》（如图6-4）、《雪溪图》，虽传说是他的作品，也只能作为研究的参考。

图6-4 王维《伏生授经图》

王维特别擅长写田园诗，他的诗歌常常表现田园的宁静恬淡，给人以清新自然之感，读他的诗歌会有一种情景交融、身在其中的艺术感受。王维还通晓音乐，作品内涵丰富。其晚年的诗画流露出浓厚的出世思想，引起后世诸多文人的共鸣，因而他被视为文人画之祖。其实，后来王维的声誉并不都来自他的绘画，但是他在业余画派的文人山水画中却有着开山祖师的地位。在没有一幅出于他手笔的真迹存世的情况下，要知道他怎么享有这种声誉，那可是个难题，我们也许永远得不到答案。《辋川图》是王维所作的壁画，很早就毁坏了。明代人把一件本模刻石，离王维的原作越来越远。对王维这个在中国山水画史上影响巨大的人物，我们所能得到的真实依据却是一些拓片，真是令人扼腕叹息。

后代批评家说王维不同于宫廷画家李思训、李昭道那样的"北宗"画家，他不但是第一个用水墨渲染的画家，还是文人山水画"南宗"的奠基人。宋代的著名文学家、诗人苏东坡曾赞美王维的画，说他的画面中有诗意，从王维开始，诗歌与绘画结合成为中国绘画的典型特征之一。

张璪，字文通，吴郡（今江苏省苏州市）人。他擅长描绘松石、山水，曾撰写了一篇如何描绘山水画的文章，可惜现在已经遗失了。不过他提出的"外师造化，中得心源"理论在别人的著作中被记录了下来，后来成为许多画家的座右铭。它的意思是说，画家要在自然界中多游多看，搜集绘画的素材，并且陶冶自己的性灵，然后将自然物象转化为自己的情感，再将这种情感通过绘画的形式表达出来。对于一幅艺术作品，画家描绘的不仅是自然界中存在的现实图像，更是画家内心的主观情感。据记载，张璪作画的时候，喜欢用秃笔，有的时候还用手指蘸墨水作画，他应该是第一个用手指作画的画家。可惜的是，张璪没有作品流传下来。

3. 唐代花鸟画

花鸟形象在魏晋南北朝时期的绘画中就有所表现，在唐代，由于美术理论的发展，以及画具和绘画技法的进步，花鸟画逐渐成为一个独立的画种，并且绘画技法开始成熟。其中，在花鸟画上成就比较大的有薛稷、边鸾等画家。

（1）薛稷的花鸟画。

薛稷，清州汾阴（今山西省万荣市）人，官至太子少保、礼部尚书，史称"薛少保"。他擅长书法，是初唐四大书法家之一。同时他也擅长绘画，尤其善于表现花鸟，是唐代非常著名的花鸟画家。薛稷尤以画鹤著称，著名诗人李白、杜甫都曾以诗文赞誉过他所画的鹤。杜甫就称赞薛稷画的仙鹤形神兼备，就像古代的高士一样有非同凡响的品质，这是对薛稷作品很高的评价。薛稷不仅能生动逼真地表现鹤的状貌动态，而且能画出鹤的高昂神韵，画中的鹤好像品质高洁、超凡脱俗的高人雅士一样。他创作的六鹤屏风画样式一直是后世传承的典范，也对后来五代的著名花鸟画家黄筌产生了重大影响。

（2）边鸾的花鸟画。

边鸾，长安（今陕西省西安市）人，主要活动于 8 世纪末 9 世纪初，他是中唐时期最有影响的花鸟画家，文献中记载，在能画花鸟的唐代画家中，最著名的是边鸾。他的花鸟画在题材和技巧上都有创新，他不仅画奇禽异卉，也画山花野蔬，所绘牡丹、正面鸟雀、折枝花，都被当时的人所称颂。他特别擅长写生，唐德宗贞元年间，边鸾曾应诏描绘新罗国进献的孔雀，生动地绘出孔雀翩翩起舞的优美姿态。边鸾的花鸟画用笔清快爽利，用色明亮艳丽，细致地表现出不同禽鸟羽毛的不同形态，他画出的花卉甚至比真花还要鲜艳有生机。

唐代的花鸟画除美术史上有记载的画家及作品之外，我们还能从其他画作的花鸟背景中考察唐代的花鸟画创作。同时，我们还可以从唐代章怀太子墓、永泰公主墓等墓室壁画上一窥唐代花鸟画的风采。

图 6-5　周昉《簪花仕女图》中的玉兰花（局部）

《簪花仕女图》是唐代一幅著名的人物画，但我们可以从画面背景中的玉兰花、宠物狗等图像，来考察唐代花鸟画创作的基本情况（如图 6 - 5）。画面左边所画玉兰树干、树叶、花朵均用先双勾轮廓再染色的手法画出来，其染色分染之后再罩染，颜色的层次十分分明。不过，这个时候，我们从画面中玉兰花的分布，可以看出花鸟画还有十分明显的装饰感；画面中宠物狗和鹤的画法则较为成熟，造型写实，勾染细腻，鹤羽与狗毛的质感分明，充分展示了画家高超的写实水平。《簪花仕女图》中的花鸟部分，进一步证实了唐代花鸟画的表现技巧已趋成熟。

唐墓室壁画六扇屏风式花鸟画，1972 年出土于新疆阿斯塔那古墓群 217 号墓，红色的边框将整个画面分割成六个屏风形式，每一图绘制有一屏独立的花鸟，构图大体相同，均作三段式。前景为散落的石块与地面；中景为禽鸟与花草，或呈左右对称之状，或作两株相背，或对生一双花头，图中的禽鸟或俯身侍雏，或闲庭信步，或两两相伴；远景为远山与飞鸟。图中景物基本上采取了左右对称的布局。这种左右对称的构图原则，在一定程度上继承了两汉墓门画像石上绘画左右对称的布局特色，画面使用了红、黄、蓝、绿等多种色彩，设色多用点苔式手法积点而成；花卉先用墨笔勾勒轮廓，然后平涂石青、石绿颜色，既明亮又厚重；后景的远山均用石色横笔描绘，画面表现出画家有意识地表现透视，这些特色都显示了唐代花鸟画独立成科后的非凡成就。另外值得注意的是，六扇屏风式花鸟画的画法很明显受到了当时西域地区绘画注重明暗、透视等要素画法的影响，从而进一步证明了唐代中原地区绘画与西域绘画相互交流的史实。

（3）墓室壁画中的花鸟画。

唐代皇室贵族的墓室壁画，内容包括出行、仪卫、乐舞及仕女等不同内容的场景，都是为了反映死者生前的显赫地位以及豪华奢侈的生活。这些墓室壁画虽然没有像绘画作品一样署名，但都出自宫廷专业的画工或绘画技艺高超的民间画匠之手，所以在绘画技艺上代表了当时社会的最高水平。唐代墓室壁画的艺术水准以陕西乾县乾陵的陪葬墓章怀太子墓、懿德太子墓、永泰公主墓最为突出。

章怀太子就是唐高宗的次子李贤。李贤曾被立为太子，后遭政治对手猜忌诬陷，死于流放地四川巴中，后被追封为章怀太子，陪葬于乾陵。

李贤墓室壁画中的《墨竹图》，画有三株竹子，全用墨笔画出形体。竹子图像在壁画中起点缀作用，属于陪衬。三株竹子均极细瘦，用笔一笔而上，竹身没有勾勒竹节，竹枝的画法是左右对出，竹叶的画法并没有如后世那样程式化（如"分"字式、"介"字式、"个"字式等），而是依竹枝的长势画出，这些画法都与后世的墨竹画法不同。中国绘画书籍中记载的竹子图像现在已经看不到了，所幸还有李贤墓室壁画中的《墨竹图》存世，可以让我们一窥唐代墨竹画的风采。

①《观鸟捕蝉图》（如图6-6）。

图6-6 李贤墓壁画《观鸟捕蝉图》

　　画面描绘了三个人物：一位雍容华贵的夫人正仰视飞鸟，一个妙龄女郎正动作轻盈地甩袖捕蝉，还有一个侍女双手托巾若有所思。她们身后有一株小树，树干上趴有一只知了，中间女子正欲将其捕获。小树顶端左方有一鸟背向红衣女子飞去，红衣女子正仰脸观看。图中鸟、蝉的画法并不十分写实，仅以墨笔勾勒，并没有明显的晕染痕迹。画师以精练的线条勾画出三位年龄、性格各不相同的女性，通过观鸟捕蝉优美的动态神情，把常年身居后宫、寂寞无聊、充满哀怨的宫女神情活脱脱地表现出来，令人不得不惊叹创作者的精湛技艺。此图主题虽为人物画，但同时也是早期花鸟画发展过程中十分重要的参考资料。

②《花鸟图》屏风（如图6-7）。

图6-7 新疆吐鲁番唐墓《花鸟图》屏风

此组屏风共有三扇，1969年出土于新疆吐鲁番哈拉和卓唐代墓葬。我们知道，唐代墓所出土的屏风画以绢本为多，而像《花鸟图》屏风这样的以纸本为材质的作品实不多见。此屏风由多张大小不一的纸张裱糊而成，并以暗赭色的长方形边框分隔为三幅，每幅画面的布局相似而统一，都是以花、鸟为主题，石块作点缀。其中作为主体的花、鸟刻画深入而细微，形象鲜明而突出，而石块的描绘则简单得多，基本只勾画轮廓不上色。在表现技法上，花、鸟均是先用墨线勾出形体轮廓，然后再加色彩，并且有类似于"晕染法"的效果特色。此外值得注意的是，此屏风对于物象的描绘，可谓有主有次，花、鸟为主，石块为次。更为难得的是，图中对于花、鸟、蝴蝶等物象比例掌握得当，描绘准确，已经摆脱了魏晋时期那种"人大于山，水不容泛"的时代缺点，这也进一步佐证了唐代花鸟画已单独成科的结论。

【实践·试一试】

尝试画一幅以竹子为题材的花鸟画。

一、所需材料

生宣纸、毛笔、墨汁。

二、基本步骤

（1）竹干画法。先用淡墨画竹干，再用浓墨勾竹节，注意竹干的斜度，如图6-8。

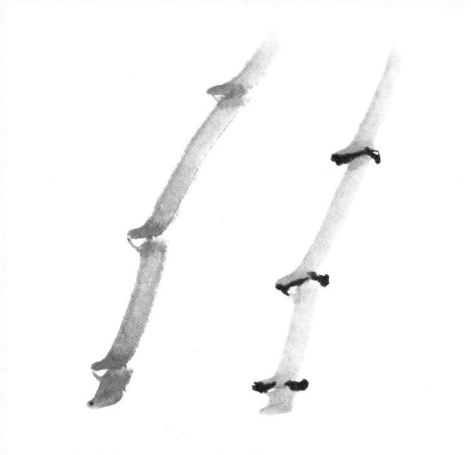

图6-8　竹干画法

（2）竹枝画法。用浓墨画竹枝，要注意枝条的自然长势，如图6-9、图6-10。

图6-9　竹枝画法

图6-10　竹枝、竹干组合

（3）竹叶画法。中国花鸟画中，竹叶的画法也有一定的模式，如一片竹叶像一叶扁舟，两片竹叶像"人"字，三片竹叶像"个"字，四片竹叶像"介"字，如图6-11。

图6-11　竹叶画法

画面上除竹子外，还应有印章、题款、作者署名或者诗句，这是中国花鸟画作品上的基本构成，如图6-12。

图6-12　一幅完整的竹子小品（作者：王明方）

【在西安·看一看】

陕西历史博物馆

如果您在西安,可以参观陕西历史博物馆,其中的唐代壁画珍品展常设有壁画展览,我们可以通过参观这些壁画,近距离全面了解唐代社会的政治、经济、文化、艺术等。陕西历史博物馆现存有保存数量最大、保存状况最好的李寿墓、懿德太子墓、章怀太子墓、永泰公主墓等 14 座墓葬的近 600 幅、约 1 000 平方米的壁画,所收藏的唐墓壁画数量之多、等级之高、保存现状之好而又具有比较完整的序列性,在全国乃至全世界都是绝无仅有的。293 幅可供观赏的壁画中,有 5 件组 18 幅被国家文物局专家确定为国宝级文物,69 件组 82 幅被确定为一级文物。有外国友人称其为"中国的乌菲齐画廊"。

第七章

敦煌壁画

今天，如果我们想要了解唐代的宗教信仰，除文献资料之外，浏览壁画或绢帛中的绘画图像是最直接的方式。

甘肃敦煌石窟中的唐代壁画，从内容到形式，都是最辉煌、最丰富的。唐代壁画描绘的故事内容，大多是反映唐代人民的现实生活，以及对未来幸福生活的向往和追求。

1. 救苦救难的观音菩萨信仰

唐代的时候，有很多人信仰佛教中的观音菩萨。观音菩萨，就是观世音菩萨的简称，也叫自在菩萨。

唐代救难观音信仰（观世音信仰）的出现，与鸠摩罗什翻译的《妙法莲华经》（简称《法华经》）有着很大关系。鸠摩罗什的翻译语言非常流畅，能让唐代的信众清晰地了解佛经的内容，所以很受人们的欢迎。而《妙法莲华经·观世音菩萨普门品》中救苦救难的观音菩萨形象，也深入民众的心中。后来，又有佛经翻译家编译了一部专门讲述观音菩萨故事的经书，这让观音信仰在中国得到了进一步的发展。中国的南北朝时期，社会动荡，战乱频繁，老百姓的生活很苦，为了寻求心理安慰，观音菩萨便成了广大民众的心理寄托。所以在南北朝时期逐渐形成了对观音信仰的初步仪式，传播迅速，影响很大。后来，观音信仰得到了更多民众的认同和信奉，逐渐扎根于中国社会。

唐代的时候，广大信仰民众为了表示虔诚，在甘肃的敦煌地区捐资开凿石窟，塑造观音菩萨的雕像，这时候也出现了很多宣扬观音信仰的经变壁画。

佛经中说，观音菩萨能满足你所有的祈愿，还能寻找祈祷者的声音救苦救难，只要世上的人有各种苦难，念一句简单的"南无观世音菩萨"，就会立刻得到安慰、解脱。观音菩萨还能随机变成三十三种不同的化身，在不同的地方为不同需求的信众讲经说法。

　　敦煌石窟壁画从隋代开始就大量绘制《法华经变》，其中与观音菩萨有关的"观音普门品"是画面最多、最突出的内容。莫高窟第 57 窟中的观音菩萨像，可以说是"最美观音菩萨"（如图 7-1）。画面中的观音菩萨像，面部丰腴，翠眉，一副端庄慈祥的表情。虽然璎珞配饰十分璀璨富贵，却毫无俗气之感。

图 7-1　莫高窟第 57 窟：大势至菩萨像（局部）

　　莫高窟第 57 窟的壁画是表现观音菩萨故事的著名壁画作品。这些壁画作品都反映了观音信仰在唐代敦煌地区的广泛流行。

　　莫高窟第 45 窟南壁上是根据《妙法莲华经·观世音菩萨普门品》描绘的观音经变内容。壁画两侧的上部描绘的是观音三十三身，也就是观音菩萨随机变成三十三种不同人物为不同的信徒讲佛经的情节。壁画下部描绘的是观音菩萨有求必应、救苦救难的场面。其中著名的有胡商遇盗图（如图 7-2），观音救海难图（如图 7-3），求男得男、求女得女图。这些壁画都是为了向信众传播佛经而绘，所以每幅图画旁还专门画着文字框，里面写着经文，一方面解释画面内容，另一方面也便于传播经文。

图7-2 莫高窟第45窟：观音经变之胡商遇盗（局部）

图7-3 莫高窟第45窟：观音经变之观音救海难（局部）

观音救海难图生动地描绘了一群撑篙、摇橹的船夫正在与海中妖魔鬼怪、狂风恶浪奋力搏斗的画面。《妙法莲华经·观世音菩萨普门品》中说，如果遇上海难，在茫茫大海中孤苦无援、没有生路时，只要呼唤观音菩萨的名字，祈求救助，观音菩萨就会帮助你，让你不被海浪淹没，并即刻回到浅岸边。

敦煌石窟壁画的画工们的写实水平非常高，画面描绘得形象生动，情节惊心动魄，都是唐代现实社会的真实反映，我们可以通过这些图像来研究唐代的社会生活。

我们通过壁画图像可以看出，唐代壁画中的菩萨像越来越女性化了，很像现实世界中的宫廷仕女，从唐代开始，壁画或雕塑中的菩萨形象便基本上固定了下来。佛祖释迦牟尼的弟子们的形象也慢慢地变成了汉族僧人的样子，包括天王、力士，他们穿的服装也都和唐代将领一样了。这是因为佛教进入中国后，受中国文化影响，一步步汉化。

图 7-4　莫高窟第 14 窟南壁：不空绢索观音菩萨像（局部）

莫高窟第 14 窟南壁上的不空绢索观音菩萨像（如图 7-4），就是俗称的三面四臂观音大力士，也是观音菩萨诸多的化身之一。观音菩萨后面华盖上坠着的渔网状的绢索，是敦煌画工对绢索的图解。它象征着观音菩萨的慈悲，如果信仰观音菩萨，只要看一眼不空绢索观音菩萨像，就能彻底解脱包括地狱在内的各种苦难。

图 7 – 5　莫高窟第 161 窟：藻井中的千手千眼观音像（局部）

图 7 – 6　莫高窟第 217 窟：观音菩萨像（局部）

除莫高窟壁画中的观音图像外，敦煌莫高窟的藏经洞还存有描绘法华经经变故事的观音菩萨图像。如现存于法国国家图书馆的《观世音菩萨普门品》纸质卷轴画，尺寸为宽 28 厘米、长 674.8 厘米，以上图下文、连环画的形式讲述佛经故事，也可以说是插图本的佛经。

这幅长卷作品中有"观音经一卷"（如图 7-7）。图像的内容主要由观音说法、观音三十三身、有求必应、供养、救苦救难五个部分构成。

其中，观音三十三身部分都是观音变成不同的形象向跪在他前面的信徒讲法的内容。画面中观音变成的人物多样，身份也各不相同，画面处理灵活多样。如向童男童女说法时，观音菩萨就变成童男童女的形象。

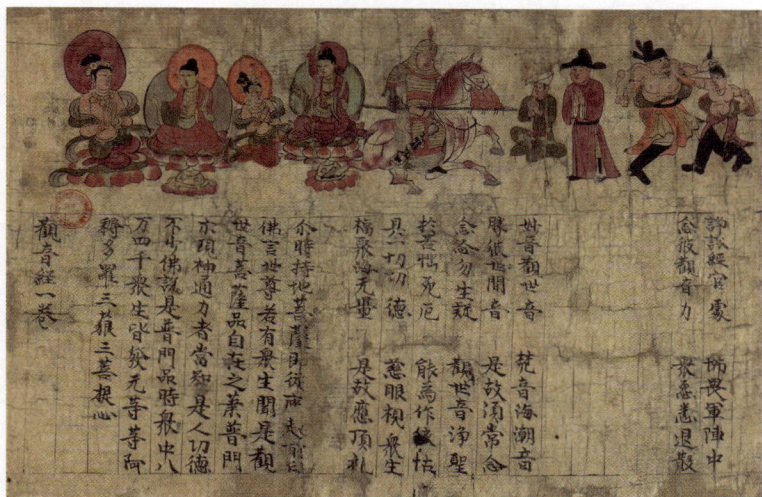

图 7-7　《观世音菩萨普门品：观音经一卷》（局部）（法国国家图书馆藏）

有求必应部分描绘了信徒求男求女的内容，画面为盛装的妇女带着一对童男童女跪拜在观音菩萨面前。经文中说，如果信仰观音菩萨，向观音求子，观音就会赐予一个聪敏伶俐的男孩。观音菩萨的这种法力，对中国传统社会中渴望子嗣传宗接代的人们是最具有诱惑力的，这也是唐代人崇拜、信仰观音菩萨的一大原因。

供养部分图文并茂地说明了如何礼拜供养观音菩萨的方法，不同的需求有不同的礼拜供养方式。如比较重要的求男求女，就要供养观音菩萨的画像或雕像，以恭敬虔诚的心礼拜，并要常诵念观音菩萨名号。如果平时对观音菩萨有虔诚的信仰，那么在偶遇突发性的困难需要求助时，观音菩萨也会现身帮助。

救苦救难部分，有一幅描绘的是一个凶神恶煞的男子正要把一个蓝衣男子推进火坑，而被推男子口念"南无观世音菩萨"，十分镇定自若，毫不慌张。下面配的经文写道：如果遇到火坑之难，只要口念"南无观世音菩萨"，火坑就会变成水池。

　　纸质手卷中的内容与敦煌石窟壁画中的内容一样，都是表现信仰观音菩萨，观音菩萨就会有求必应、救苦救难的故事。观音菩萨可以满足信众的多种祈愿，无论是求男女，还是祈福，还是清心静修，只要称颂、信奉观音菩萨，就可以得到护佑，因此吸引了大批信众。

图 7-8　观音菩萨像绢本（英国不列颠博物馆藏）

　　这幅在敦煌藏经洞发现的观音菩萨像绢本和壁画上中国式的观音菩萨造像的端庄不同，此作品中的观音菩萨身姿曼妙，连画面上方的华盖也好像随着观音一起摇动。这幅观音菩萨从脸部看，明显有外国人的特征，耳朵垂肩。翻卷的天衣和散落的裙边与身体的姿态浑然一体。红粉二色的衣褶画法借鉴印度菩萨像。

2. 文殊菩萨信仰

　　文殊是梵文名音译的简称，意译为"妙德""妙吉祥"等。文殊菩萨是佛祖释迦牟尼佛的左胁侍，专门负责掌管"智慧"。关于文殊菩萨的形象，佛教经典中的记载并不完全相同，一般为头顶五髻，手持经书和宝剑，宝剑表示智慧锐利，穿戴配饰华丽庄严。单体雕像以青狮坐骑为特点。青狮表示智慧威猛。南北朝时期，文殊菩萨信仰曾风靡一时，到唐代的时候成了独立的信仰，而且获得了独立显灵说法的道场——山西五台山。在中国，文殊菩萨被誉为四大菩萨之一。

图 7-9　莫高窟第 103 窟：文殊菩萨像（局部）

文殊菩萨信仰在唐代达到顶峰与王权推动有直接关系。唐初开放性的宗教政策促进了佛教的发展，唐代皇室对文殊道场的推崇在全国范围内强化了文殊菩萨信仰的传播和深入；女皇帝武则天的支持使文殊菩萨信仰盛行全国；最后，由于顺应了"安史之乱"之后的政治需求，文殊菩萨信仰又获得了朝廷的全力支持而达到顶峰。

唐代时，山西太原还建了一座"文殊宅"。唐太宗李世民认为，李氏之所以能统治中国，就是因为李氏祖宗以前在五台山圣地信仰文殊菩萨，受到文殊菩萨的保佑。唐代皇帝的信仰促进了文殊菩萨信仰的传扬，同时也获得了朝廷对"文殊宅"优厚政策的照顾。唐太宗以后，他的继承人唐高宗还专门派人到五台山敬拜文殊菩萨，并赠送袈裟。在唐代广大信徒心中，文殊由高高在上的菩萨变成了心诚则灵的圣人，引发了僧人、民众都竞相朝拜圣地和礼拜文殊菩萨的社会现象。整个唐代从未中断过朝拜五台山的仪式定制，民间的朝拜、造像、供养活动更是络绎不绝。

文殊菩萨信仰仪式简单，信徒们不必多费心机，就能实现自己的愿望，小到保佑自身健康长寿、升官发财，大到能让国家兵马修养、国土安宁。唐代只要建寺庙，就必须建设文殊阁院，这种建筑制度一直延续到宋代。所以文殊菩萨信仰成为唐代最流行的菩萨信仰。

图 7-10　榆林窟第 25 窟西壁：文殊经变（局部）

《文殊变》是描绘文殊菩萨带领随从去参加华严法会的出行图，流行于唐代。仅敦煌莫高窟唐代壁画中的《文殊变》，就有 120 多幅，在数量上仅次于观音菩萨。文殊菩萨坐在青狮上，华盖下，半侧面交脚坐，头上有圆光，身后有背光，仪态雍容华贵，装饰华丽，双手拿着如意宝物。身边有众多随从簇拥，都是美丽的菩萨，有的撑着宝幢，有的拿着莲花，有的跪着献花，有的吹奏乐器。

现存于英国伦敦博物馆的文殊菩萨图像中，文殊菩萨头戴宝冠，发髻高隆，细眉长目，神态慈悲安详，佩戴各式项圈、臂钏、手钏、足钏等璎珞饰品。披帛搭肩绕臂自然而下。右手膝前施与愿印，左手依撑莲座之上，手拈一株青莲花茎，花茎沿臂而上在左肩处盛开一朵莲花。右腿横盘，左腿自然下垂，左足搁置在莲花上，呈自在坐姿安坐在青狮所驮莲花法座之上。威武雄壮的青狮双目圆睁，张着血盆大口，头扭向左侧，威风凛凛。黑人少年驭手，也睁着圆圆的眼睛与狮子对视，似乎在比谁的眼睛更大，表情生动传神。

3.《金刚经》信仰

唐代的《金刚经》（《金刚般若波罗蜜经》）信仰是从唐高宗开始流行的。女皇帝武则天曾抄写《金刚经》，为自己去世的父母祈福，这说明《金刚经》信仰在唐代皇室中也十分流行。《金刚经》是佛经中相当重要的一部经典，大约6 000字，先后经过鸠摩罗什、玄奘等著名翻译家六次翻译，这些版本中，要数鸠摩罗什翻译的最为广大信众接受。今天，我们能看到唐代雕版印刷的《金刚经》，刻印于868年，是中国印刷史上重要的实物，现被英国收藏。它是一位叫王玠的人为自己已去世的父母祈福而专门刻印的，上面的题记写道："咸通九年四月十五日王玠为二亲敬造普施。"

敦煌文献中有《金刚经》相关文献约2 000件，其中公元8世纪初建造的第217窟西壁龛顶绘有中国现存最早的金刚经变。

《金刚经》原来的持诵仪式十分复杂，当时的普通老百姓很难听懂佛经的意思，为了方便传播，人们根据自身的实际需要，大胆地对经书中各种烦琐的规定和仪式进行了删减，将复杂不容易理解的部分全部去掉，只保留了简单易行的部分，这些改变促进了《金刚经》信仰在民间的普及。

唐玄宗曾推行儒、道、释三教并用政策，曾从三教的经典中各选取一部经典作注疏，儒家选《孝经》，道家选《道德经》，佛教选《金刚经》。有人从王羲之书法中选出相关文字在陕西省西安市兴唐寺刻成《金刚经》碑，是书法史上一大事。这说明《金刚经》在唐代的政治、文化、宗教信仰中有着重要的地位。

敦煌莫高窟第217窟的主室西壁龛顶壁画是一幅金刚经变。现在只保留下了正中的佛祖说法图部分和北侧的画面，北侧共计5个画面。

第一幅题为"释迦为四众说法"。最上方画着佛祖释迦牟尼，他结跏趺坐于莲花宝座上，左手放在胸口下面，正在举着右手说法，左手侧有二居士和二比丘，右手侧有二女居士和二比丘尼，他们都双手合十，以胡跪的姿势认真地听佛祖讲法。

第二幅画面名为"舍卫城乞食"（如图7－11）。描绘的是光着脚的释迦牟尼佛祖，左手托着钵，乘着祥云到一座城门外乞食，他的身后还跟随着4位比丘尼。一个女人正从城门处伸出双手为释迦牟尼佛祖奉上食物，城门外看见佛祖的两位女人，一女双手合十而跪，一女双手合十曲身相迎，神情都十分虔诚。

图 7-11　莫高窟第 217 窟：金刚经变之舍卫城乞食（局部）

图 7-12　莫高窟第 217 窟：金刚经变之释迦洗足（局部）

第三、四幅画题为"还至本处"和"释迦洗足"。

释迦洗足画面中，释迦牟尼佛祖正坐在莲花宝座上，双脚放在一块方形石头上，左手抚膝，举右手作说法状，一位比丘拿着像皮质水袋一样的瓶子，另一位比丘端着水盆，正准备为释迦牟尼佛祖洗脚（如图7-12）。

第五幅画的是释迦结跏趺坐于莲花宝座上，双手在胸前作转法轮印，他的身旁有四位菩萨：一位菩萨右手持花，左手置胸前；一位菩萨略呈交脚坐于莲台；一位供养菩萨双手合十跪在释迦下方；供养菩萨后面有一菩萨交脚坐于莲花宝座上，双手似不持物（如图7-13）。

图7-13 莫高窟第217窟：金刚经变之释迦说法

敦煌壁画中的这五幅表现《金刚经》的画面，都是根据《金刚经》中的第一句经文描绘的，每幅画的题目也都是按照经文内容所取，并题写于画面上。这样，即使信徒不识字，也可以通过观看这些绘画了解《金刚经》的内容，有助于《金刚经》信仰的推广和普及。

【在西安·读一读】

如果您想深入了解中国唐代时期的壁画、普通民众的宗教信仰，可阅读"敦煌女儿"樊锦诗主编的《敦煌：丝绸之路明珠　佛教文化宝藏》，不仅可以帮助您了解敦煌莫高窟的开凿历史，还有大量印刷精美的敦煌壁画图片可供欣赏。

第八章

篆　刻

1. 篆书的种类

要了解篆刻，首先就要了解中国书法中的篆书。篆书分为大篆和小篆。小篆又名"秦篆"，是秦代通行的文字。春秋战国时期，各国都有自己的文字，比较混乱。秦始皇统一中国后，为了加强中央集权统治，采纳丞相李斯的建议，以容易辨识书写的小篆替代大篆，并统一淘汰了其他国家的异体字。小篆有以下几种类型：

（1）诏版篆。

诏版篆是指刻在秦诏版（如图 8-1）等器物上的篆文。它的特征是笔画方折，没有圆笔，字形大小不一，行距与笔画长短呈不规则状，时不时有简笔，有时也像隶书。

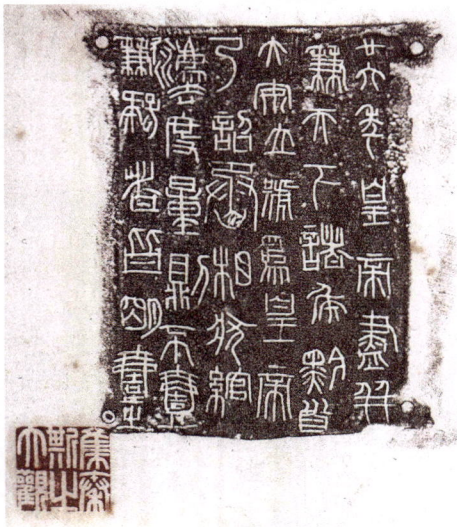

图 8-1　秦诏版

（2）玉箸篆。

玉箸篆也叫玉筋篆。字形长方，线条粗细首尾基本一致，笔画圆匀整齐，状若玉箸（筷子），故名。著名的有秦代李斯的《泰山刻石》、《峄山刻石》（如图8-2）、《会稽刻石》等。

图8-2 李斯《峄山刻石》（局部）

（3）铁线篆。

铁线篆因点画线条纤细、刚劲似铁而得名。与玉箸篆无本质的差别，唯线条纤瘦遒丽，多一些张力与弹性的感觉而已。著名的有唐代李阳冰（níng）的《唐李少温千字文》、《谦卦碑》（如图8-3）、《三坟记》、《篆书千字文》（如图8-4）等。

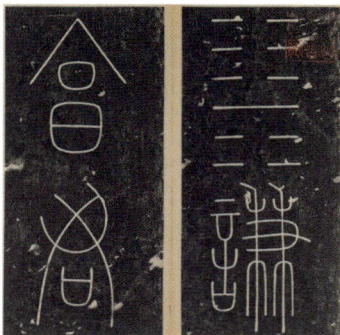

图8-3 李阳冰《谦卦碑》（局部）

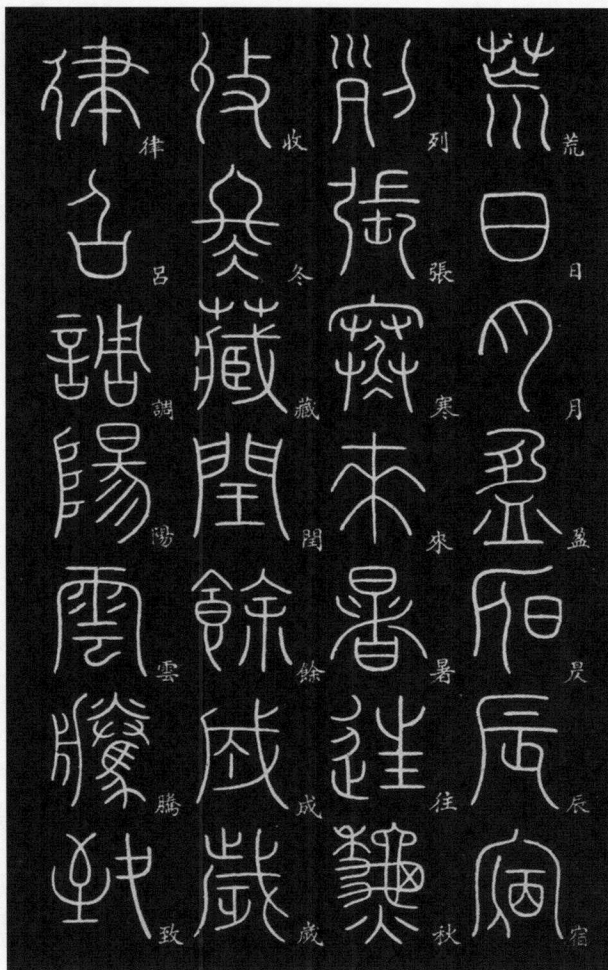

图8-4 李阳冰《篆书千字文》(局部)

（4）长脚篆。

长脚篆，顾名思义，就是头重脚长的篆书。文字结体的重心基本都集中在上部，唯将向下的笔画拉得很长，形同长脚。文字转折处大都用方笔，别具一格。

（5）悬针篆。

悬针篆因文字垂下的笔画长而尖，形似针状而得名。如《天发神谶碑》《唐邮台铭》。

（6）清代小篆。

清代乾隆以后，小篆书体的发展又掀起了一个高潮，取得了超越前人的突破，进入了流派纷呈、名家辈出的时期。清代的篆书可分为早、中、晚三期，早期属仿古阶段，中期属创新阶段，晚期属发展成熟阶段。早期名家有王澍、钱培、孙星衍等；中期名家有邓石如、吴让之、杨沂孙等；晚期名家有赵之谦、吴大澂、黄士陵、吴昌硕等。这一时期的小篆流丽婉转，飘逸多姿，字体修长，方中寓圆，非常典雅古朴（如图8-5）。

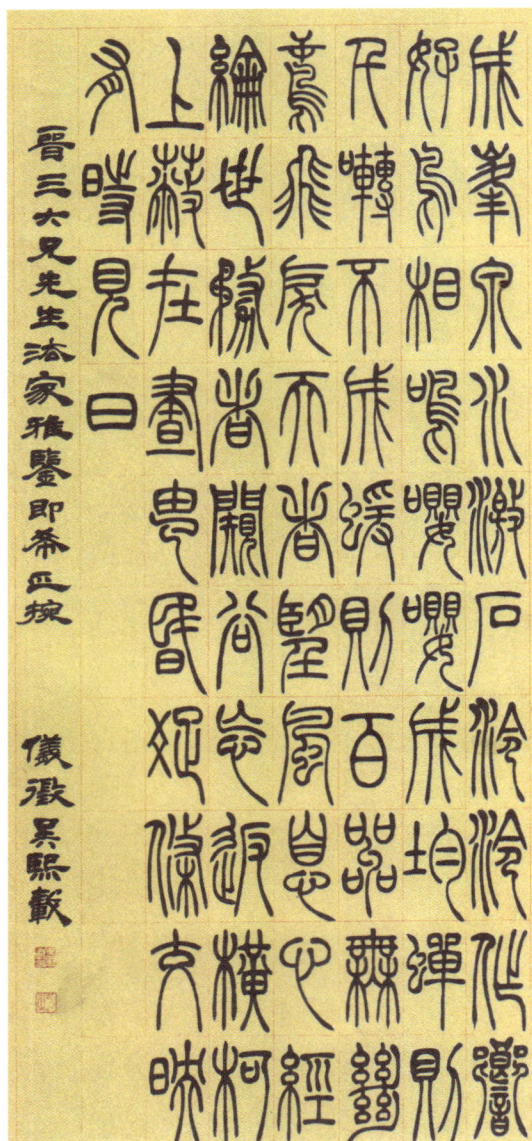

图8-5　吴让之篆书

2. 篆刻与印章

"印章"又名"印",古称"玺"。印章是书法和雕刻相结合的中国独有的工艺美术。因其所具有的书法艺术属性与一般的工艺美术略有不同,故又叫作"篆刻艺术"。中国的篆刻与书法堪称中国艺术中的孪生姐妹。

印章上的文字最早是与当时通用的字体一致的,如战国时期,采用的是各国流行的大篆,秦用李斯的秦篆,秦汉以后,用于印章上的字体范围扩大了许多,出现了缪篆、鸟虫篆等多种篆体。

隋唐以来,人们不仅沿袭使用篆体类文字,而且把隶、楷等字体也应用于治印,以至殷代的甲骨文都被吸收进来。当然,始终处于主导地位的是篆体类的文字,这一点时至今日仍然没有变化。

3. 印章的种类

(1)姓名印。

姓名印是书画作品中的常用印,在秦汉的玺印中十分常见,风格丰富多彩,有朱文印、白文印、图纹印等。姓名印既实用又有一定的艺术价值(如图 8 - 6)。在今天,姓名印还是很多知识分子喜欢的印章类型之一。

图 8 - 6 赵之谦印

（2）字号印。

字号印的印文为人的字或号（如图8-7）。秦汉时期大多用姓名印，唐代以后使用字号印。古代男用印称"臣"，女用印称"妾"，表示自谦。

图8-7 褒（xiù）海（徐三庚字号印）

（3）斋馆印。

古人常用自己的书房、居室、斋馆题词命名，并将其刻成印章（如图8-8、图8-9），并钤印在自己的书画作品上，表现风雅的文人气息。最早的斋馆印传为唐代李泌的"端居室"玉印。宋代以后斋馆印盛行，其名称一般为斋、馆、轩、舍、堂、室、屋、房、楼、庐、园、庵、榭、台、阁等。

图8-8 汉学居（赵之谦）

图 8-9　赐兰堂（赵之谦）

（4）鉴藏印。

鉴藏印是鉴赏、审定、收藏书画作品及欣赏、阅读典籍时钤盖的印章，它兴盛于唐宋。鉴藏印一般用赏、珍赏、清赏、心赏、真赏、清玩、玩赏、过目、眼福、曾阅、秘、校订、审定、证等字样。鉴藏印是今天我们鉴别书画作品真伪的重要依据。

（5）肖形印。

肖形印是印章领域的一个重要门类。它不仅具有篆刻艺术之美，还具有绘画艺术价值。它的内容十分丰富，题材十分广泛，有人物、动物、车骑、狩猎、搏击、戏耍、畜牧、舞蹈、房舍树木、花草植物等。肖形印也叫象形印、图案印或者画印，它的内容涵盖图形、图案、山川、自然等众多事物（如图 8-10）。

图 8 – 10　肖形印

（6）署押印。

署押印又叫押字印、花押印等，是古代用来画押签字的印章。它是为了防伪，使人不容易模仿而设计的一种图文并茂的印章，只有使用者能够辨识印章的意思，并作为取信的凭据。因为署押印在元代很盛行，所以又叫元押（如图 8 – 11）。

图 8 – 11　元押

（7）封泥印。

封泥印也叫作泥封，是战国时期就有的印章类型，在秦汉时期盛行，后来逐渐减少。在纸张发明之前，古人将文件写在竹简木牍上，然后用特殊的黏土作团，封住竹简木牍绑绳子的部位，并在泥团上加盖印章。它不仅反映了古代使用印章的方法，也体现了当时的印章制作艺术水平之高（如图 8 – 12）。

图 8 – 12　封泥印：九真太守

（8）瓦当印。

瓦当印是中国古代建筑物上的一种附属物，是瓦当顶端的下垂部分，起着保护檐头的作用，俗称瓦当。它有圆形和半圆形两种。瓦当上有文字、图形、四灵等吉祥物，种类繁多（如图 8 – 13）。文字大多数是吉祥语。

图 8 – 13　瓦当印：长乐无极

当代的篆刻艺术创作在继承以上这些篆刻类别的同时，也开始有更多自由的创作形式，如有把名言警句、诗歌作为内容篆刻的，也有将地名、菜谱、风俗习惯作为内容刻上印章的，这些印章的实用性比较弱，大多数属于篆刻家自己对艺术兴趣的探索（如图8－14）。

a   b   c

图8－14　大明宫、长安、西安城墙（a～c）（作者：徐裴越）

4. 篆刻临摹

（1）水印印稿法。

初学者由于不熟悉篆书文字，不能直接将印文反书上石，只能采用"水印印稿法"，把要镌刻的篆文写到印石上去。可按下面的方法进行，如图8－15。

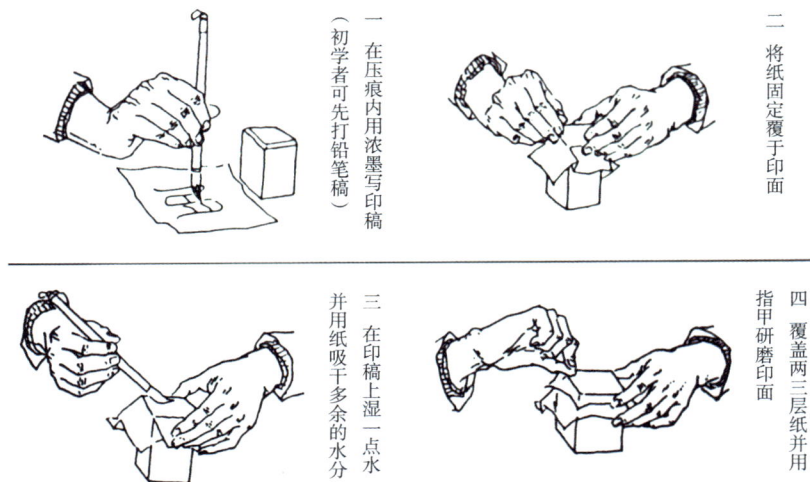

一　在压痕内用浓墨写印稿（初学者可先打铅笔稿）

二　将纸固定覆于印面

三　在印稿上湿一点水并用纸吸干多余的水分

四　覆盖两三层纸并用指甲研磨印面

图8－15　印稿制作步骤

①先将印章大小画在纸上。用干净的毛笔蘸清水，使印稿微湿，注意水分不能过多，微湿即可。

②在纸上的印框范围内，用浓墨设计印章草稿，一次不满意可设计第二次，直至满意为止。

③将写好的印稿反铺在磨平后的印石上。注意要对准对齐，不能过大或过小，不能斜。

④用吸水性强的生宣纸盖在上面，吸干水分。

⑤用指甲或用光滑的笔管回头，压在纸面上反复压磨，使印稿上的墨迹反印到石面上去。为了防止印稿被磨破压碎，印稿上可覆盖一层塑料薄膜。

⑥磨压片刻后，可轻揭一角审视印稿是否清楚。若不清楚，可再蘸水重新让其微湿，再行磨压。如果印文的某些线条仍有不清楚之处，可用小毛笔对照原稿修补勾描，用小镜子检查照看，满意后即可下刀。

（2）刀法。

印文描摹或反书上石后，即可操刀镌刻。刻印是决定印章成败的关键，所以必须格外认真对待。我们可以充分发挥前面介绍过的各种刀法，灵活机动地操刀入石镌刻。但它毕竟是一个过程，现再将刻字的方法与程序具体介绍如下，如图8-16。

图8-16 刀法

①单刀刻白文：刻印一般可以先刻印章中的横画，再刻印章中的竖画，最后刻斜曲之画。也可以顺着笔顺的次序刻完一个字再刻另一个字。但为了讲求印章的气势和风格的协调，建议采用前者，即先刻印章中的主体笔画，再刻印章中的斜曲辅助笔画。这里是指用冲刀一刀刻成一画，也叫单刀刻白文。如著名画家齐白石的"中国长沙湘潭人"一印，就是用单刀刻成。单刀刻的白文字画基本不加修整，一次成功。若用单刀刻巨印，线条要求很宽很粗，可用叠刀法。

②双刀刻白文：双刀刻白文印时，刀角必须向线落刀，用冲刀一刀刻过笔画的线条一半后，将石章调过来，再刻另外一半。笔画两头视情况而定，一般可再刻两短刀，使线条两头笔意圆润。有时也可不必修整，反而呈现自然意趣，韵味天成。

③双刀刻朱文：朱文印无论线条粗细，一般都由双刀冲刀或切刀刻成。较细的朱文印可用横冲刀法，刀角必须背线落刀，然后紧贴印文笔画外边用力切刻。一刀刻完后，调转石章，用同样的方法刻另一边。

5. 刻印要点

（1）刻印文如同用毛笔书写一样，要刻出"写意"来。其文字结体宜上部比下部紧密一些。点画之间的疏密应讲求自然，以免过密与呆板。印文的线条点画可粗可细，富于变化，但不宜粗细相差太大，失去协调与统一的感觉。

（2）印文的主体笔画应刚劲、平直、有力，不能歪斜，不能随意弯曲，不能有断裂破碎之状。印文笔画交接处应稍粗壮一些，就像树干与树枝相连接一样，给人一种牢固又自然的感觉。笔画转折处与结体的回曲处，不宜有生硬转折与尖刺，一般应呈外方内圆之状。

（3）镌刻时行刀既要用力又要留得住力、留得住刀。不能放手直前，造成走刀、失刀而伤及其他。当石屑遮住印面时，不要用口吹，要用旧牙刷轻扫去除。

【在西安·看一看】

西安书院门步行街

如果您在西安，并且想自己试一试临摹汉隶唐楷，那么您可以去西安书院门步行街转一转。书院门位于南门内东侧，东至安居巷接三学街。这里是著名的文化旅游街，您可以看到很多古玩字画，也可以买到不同种类的书法字帖以及用具。您可以在游览的同时，买一些字帖带回家，再一次在书法艺术的海洋里徜徉。

第三篇
戏曲杂艺

今天我们可以从留存下来的墓室石刻画像、壁画、经典绘画作品中，了解汉唐时期中国人的休闲娱乐方式，这些内容包括绘画长卷中描绘的乐队演出及演奏的乐器，唐代贵族、知识分子热衷的棋艺游戏，汉代墓室画像石（砖）上描绘的各种杂技表演。

通过这些视觉图像，我们可以了解中国古代的音乐演奏艺术、舞蹈艺术、棋艺、杂技艺术，它们中的很多艺术类型至今还被中国人学习、传承，可以说都是活的艺术。我们也可以通过不同类型的乐器样式、结构，领略中国艺术在发展过程中表现出的兼容并蓄的包容性与开放性特征。

第九章
汉代画像石（砖）上的百戏

百戏，又叫散乐。乐舞百戏，是舞蹈、音乐演奏、杂技的总称。其中，百戏的定义相对模糊，至今尚无一致意见。百戏与音乐有着极其密切的关系，在汉代宫廷和达官贵戚之家颇为流行。长安与洛阳两地的平乐观是表演百戏的重要场所，当时不少贵戚之家都蓄有专门表演百戏的倡优。

1. 演出场所——平乐观

乐舞百戏的演出是需要一定场地的，而且依据演出的规模与观众的人数不同，对场地的要求也就不一样。在没有专门剧场的汉代，小型的演出一般选择在殿堂之中，规模较大的演出则移至庭院之内，如果规模更大一些，就只能选择在广场进行了。而到了唐代，随着乐舞百戏的繁荣发展和社会的进步，已经出现了常设的比较固定的戏场。汉画像砖乐舞图等均明确显示，当时的乐舞百戏都是在独立的殿堂进行演出的。

汉代较大规模的乐舞百戏演出，往往将演出地点从殿堂内移至殿堂前庭院。宾主坐于堂上宴饮观赏，乐人则在堂前庭中表演，场地既宽敞又明亮。之所以选择庭院演出乐舞百戏，一方面是因为观众人数较多，另一方面是因为乐舞百戏的规模较大，殿堂之中无法容纳。汉代更大规模的乐舞百戏演出，就只能选择在广场上进行，这种广场应当是宫苑广场或民间府第外广场。

百戏在秦代比较兴盛，现今的考古发现中除了汉代画像石（砖）中对百戏表演有所刻画，秦汉时期出土的一些陶俑更形象地展现了当时百戏的兴盛局面。

中国的山东、河南、陕西、山西、四川等地区考古都出土了大量的汉代画像石（砖）。画像石（砖）上描绘有大量的乐舞百戏内容，这与汉代民众丧葬观念中事死如事生的观念有密切的关系。陕西出土的画像石（砖）主要集中在陕北地区，这一地区主要受到移民文化和北方民族文化的影响，在画像石（砖）中多有战争场景的描绘，而在乐舞百戏图像中则表现为对于神仙世界的向往。频发的战争和生命的流逝使人们意识到，在现实中无法拥有安稳幸福的生活，所以开始对仙界情景产生向往，人们将这种渴望自由安定生活的情感寄托于未知的世界。由于长期受到地域审美意识的影响，乐舞百戏画像内容的表现也形成了明显的地域特色。汉代画像石（砖）中的百戏主要有耍弄技、倒立、走索、柔术、俳优戏、旋盘、冲狭、幻术、动物戏、马戏等。

2. 耍弄技

耍弄技就是指利用手对物体进行抛接并辅助以臂膀、腿等部位进行的表演，主要包括跳丸、跳剑、弄壶、舞轮四种。

跳丸、跳剑是指表演者用手熟练而灵活地抛接丸和剑的技艺表演。因演出有时同时抛接丸和剑，因此也可称为"跳丸剑"。跳丸也称"弄丸"，早在先秦时期的著名著作《庄子》中就有记载，说明当时这一娱乐表演就很流行，汉代更加普及。汉代画像中，跳丸剑表演分为不同类型，通过搜集的画像石（砖）来看，其中跳丸剑表演最少抛弄三个，最多达到十三个。在搜集的资料中，关于跳丸剑的画像总共有76幅。

图9-1　跳丸剑（图左下）：许阿瞿墓志画像石（河南安阳）

河南南阳汉画馆有一块镇馆之宝——许阿瞿墓志画像石（如图9-1），画像石的主人是一个叫许阿瞿的五岁早夭的小男孩。画像石分上下两格表现许阿瞿观看百戏表演的画面。上格左边为一小孩坐在榻上观看儿童游戏。小孩面前空白处阴刻"许阿瞿"三字。下格为舞乐百戏表演，或飞剑跳丸，或跳盘鼓舞，或弹琴，或吹排箫等。画像的左边锲刻隶书铭文136字，铭文诉说了墓主人许阿瞿仅五岁就于东汉灵帝建宁三年（170年）不幸夭折，家人十分悲伤的事情。下格左边描绘的就是跳丸剑。表演者单膝跪地，正抛掷三个弹丸和两柄短剑进行表演。根据表演者表演时的动作，可以将跳丸剑分为弓步式、跽坐式、单膝跪地式、塌腰式等。

图9-2　弄壶（图右上）：宴饮乐舞画像砖（四川大邑）

弄壶是汉代画像石（砖）上常见的题材。表演时，艺人将陶壶（罐）抛向空中，然后用身体的不同部位不断地抛接陶壶（罐），同时还要做出各种高难度的动作来取悦观众。四川大邑出土的宴饮乐舞画像砖上描绘了一位上身半裸的弄壶艺人一边屈膝挥剑舞蹈，一边用弯曲左臂的肘部平稳地接着陶壶（罐）的情景（如图9-2）。

3. 倒立

倒立，是指表演者双手撑在地上或道具之上，头向下双腿向上的杂技表演（如图9-3）。关于倒立表演最早的记载是在汉代，被称为"倒植"和"倒挈"。方长案在汉代是宫廷和王府中的生活家具，那时没有方形桌子，这种只用于生活的物品也被用来表演，可见那时的人们很有想象力，对杂技艺术的创新十分用心。

图9-3 叠案倒立（图左）：盘鼓舞画像砖（四川彭州）

在四川成都出土的汉代画像砖中，有叠案倒立的图像：将一张张案子叠起来，演员在顶端"拿大顶"。这是杂技节目中的惊险表演，它没有保险设置，在十案或十二案上做倒立表演，稍不注意案子就会倒塌，在宫廷表演时失手就会受到处置。山东汉画像石中有叠六案的，演员做单手卧鱼顶。汉代这种表演技艺难度相当高，顶功技巧也有很高的水平。《魏书·乐志》中记载，北魏明元帝于永兴元年（409年）沿袭汉晋乐舞百戏之先例，征调百戏演员到宫廷演出，在他举行的几次演出中就有叠案技艺。这时在道具上已有所改革，称"五案"，就是已改制为五张桌子，虽然数量不如汉代多，但是高度却比前朝高得多，其吸收了汉晋时期表演之精华，在叠案倒立壁画的整理加工上也下了很大功夫，音乐、服装、道具都十分讲究，表演效果也很好。此后，这种叠案技艺又有了新的发展，叫"掷倒案技"，艺人不但在叠起的高案上倒立拿大顶，而且在叠起的桌子上向下翻跟头。台上一分钟，台下三年功。杂技水平想提高半步都是非常难的，但即使在兵荒马乱、互相残杀的战乱年代，杂技艺人也可使杂技技艺延续不断。根据倒立所用道具的不同，可分为鼓上倒立、衾上倒立、案上倒立、壶上倒立四种。

叠案手倒立并非汉代最高难度的手倒立表演，高幢、戏车上的手倒立才是最惊险、最高超的动作。张衡在《西京赋》中描述汉代的百戏有"都卢寻幢"，就是顶竿爬竿，在竿上表演各种高难度动作。汉代画像石中有多幅顶竿图，竿上艺人的表演有倒挂燕飞、水平、手倒立，其中以手倒立的难度最大。山东省沂南县出土的汉代画像石《百戏图》中的高幢是由一壮汉用双手举起，幢上有两人向上攀爬，幢顶横木上有四人倒挂,有三人在上面做手倒立(如图9-4)。这样集体的高难度动作是需要协力合作才能完成的,具有相当的危险性,如果其中一人动作不稳,失去平衡,全体人员都会从竿上摔下来,造成头破血流的生命之忧。高幢上做手倒立的难点是支点小,摇摆性大,很难稳定,但是较之在奔驰的马车高幢上做手倒立,又算是难度小的了,比起马术表演中在马背上做手倒立也是容易多了。汉代手倒立表演使用了各种道具,创造了许多表演方法,可以说达到了高难奇巧的境界。

图9-4 高幢倒立:《百戏图》画像石(局部)(山东沂南)(徐志君)

4. 走索

走索起源于秦代,在汉代,走索表演是一种很流行的杂技表演。《后汉书》中记载,贵族燕乐中的走索表演是用近十米的大绳系在两根柱子间,两个伎人在大绳上对舞,在绳上行走如履平地。东汉的张衡在《西京赋》中记载,甚至有在大绳索上表演跳丸剑的。这说明东汉时期表演者会将跳丸剑和走索相互结合表演,而且水平很高。

走索主要是在索上行走,也有在索上手倒立的,山东省沂南县汉墓出土的画像石《百戏图》中有各种杂技表演,其中有一个伎人双手握绳索倒立,索上手倒立支点虽小,但还较稳定,难度不算最大。表演者认为这还不够惊险,不能够刺激观众,于是在绳索的下面加上了四把反插的刀,刀锋向上,一旦表演者动作失败,从索上掉下来,就会有被刀锋刺伤的危险(如图9-5)。由此可见,汉代走索表演追求的不仅是高难度，还有惊险刺激，不够惊险就制造出惊险，才能够满足观众的需要，虽有性命之忧也在所不惜，这也是汉代崇武勇风气的体现。

图 9 - 5 　走索：《百戏图》画像石（局部）（山东沂南）（徐志君）

5. 柔术

柔术是百戏中的形体技巧表演，分反弓和倒挈面戏两种类型。反弓是指表演者向后反弓腰背，身体弯曲呈弓形；倒挈面戏是指艺人身体向后弯曲，使头部置于两腿之间或腿部与头部接触，双手握足或者以手挈面，整个身体呈球形。今天，我们还可以从各种电视晚会或综艺节目的表演中看到这样的柔术节目。

6. 俳优戏

俳优又叫倡优，是指从事滑稽表演的艺人，以说、唱、徒手表演为主。俳优戏在秦代就很受欢迎。俳优戏表演者以体型和长相滑稽的艺人为主，主要做夸张动作及面部表情引观看者发笑的表演。汉代画像石（砖）中刻画的俳优大都是身体赤裸的男艺人。根据俳优戏表演者体型的差异可分为三种类型：正常型、精瘦型、肥胖型。

除画像石（砖）上的俳优表演之外，当代出土的汉代陶俑中有许多表现俳优表演的雕塑，最著名的是《击鼓说唱俑》。

7. 旋盘

旋盘表演是指表演者将盘子置于竹竿或者长棍顶端，另一端用身体某一部位支撑，旋转盘子的杂技表演。汉代的旋盘表演在文献中未见记载，但在汉代画像石（砖）中却有发现，且能看出表演已经达到了很高的水平。根据搜集的资料统计，与旋盘相关的画像在四川地区发现 5 幅。

图 9–6　旋盘（图右上）：宴饮舞乐画像石（局部）（四川成都）

8. 冲狭

冲狭即现代的钻圈表演，是指表演者从一个极其狭小的空间中冲越过去的表演，一般道具是一个空间狭小的圆环，这就需要表演者在穿过时有很高的灵敏度、准确度，以便一次穿越成功，有的表演为了增强刺激性还在周边插刀。冲狭起源很早，在东周就已经出现。《列子》中称为"燕戏"，张衡在《西京赋》中描写平乐观演出时也有"冲狭燕濯"的记载。在搜集的图像资料中，只在河南和四川地区有发现冲狭表演。

图9-7　《冲狭图》：宴饮舞乐画像石（局部）（河南南阳）

　　南阳汉墓出土的石刻《冲狭图》再现了当时冲狭表演的场景（如图9-7）。图中镌刻共六人，其中席地而坐的三人为乐师；中间是道具席筒，其右侧以水盘置前，旁边还有一樽酒；左边斜侧有三个表演者，最左为高髻宽袖，其衣带尚作飘动似乎刚越跃席筒着地未稳，右边两个演员作小儿装束，一个纵身腾空如燕冲飞，另一个双膝着地上身挺直，双手向两边斜伸似在做穿越而过的动作。古代冲狭表演时常先置放一盘水于前，大概源于这个节目刚出现时是以水池来作保险，可让演员越圈后落在水里。而后又就水池这一道具创造了一个高空节目，即"高空扑水"。表演时平地设一圆形水池，在距水池8米的地方立一根20米左右的高竿。演员身着短裤攀缘至高空，运足气两臂张开，腿曲如蛤蟆形，直扑池内，手掌心腿肘关节用力着水，形如飞燕濯水，水花四溅，以演员不损伤为表演成功。近代西方国家在表演这个节目时还在水中泼上油，水面燃烧后，演员进行跳水表演，也称"高空扑火海"。表演这个节目须胆大心细。

9. 幻术

　　幻术，现代俗称"魔术"，早在战国时期就有记载。到了汉代，张骞通西域后，西域幻术沿丝绸之路传入中国内地，丰富了中国本土幻术的内容。在汉代，幻术主要包括吞刀吐火、鱼龙蔓延等，画像石（砖）上刻画幻术的种类较少。今天，在电视综艺晚会上，魔术、幻术表演都是最常见的节目之一。

10. 动物戏

　　动物戏在山东、河南、陕西、四川等地出土的画像石（砖）中都有发现，是汉代百戏表演中最为普遍的节目之一。汉代皇家贵族很流行在自家的院中圈养野生动物，以进行动物戏表演。动物戏符合汉代的尚武之风,因此在汉代广为流行。汉代画像石(砖)中有不少画面是人与动物相斗或相戏的场景,数量众多,共有92幅,动物戏表演的对象有很多,较为常见的有虎、象、马、牛、骆驼、龙、鹿等(如图9-8至图9-10)。

图9-8 斗牛:画像石(河南南阳)

图9-9 训象:画像石(河南南阳)

图9-10 戏鹿:画像砖(四川彭州)

11. 马戏

马戏是指艺人在马背上完成各种动作的表演。汉代驯兽较有成就的是驯马，古代的统治阶级对马很重视。汉武帝鼓励民间多养马代替赋税。《史记》中还有汉武帝为得到大宛的汗血宝马而不惜发动对大宛战争的记载，这些都在很大程度上为汉代马戏的发展奠定了基础。这个时期"马戏"也作为一个专门的词出现了。马戏分多人马戏和单人马戏。如山东安丘的宴饮舞乐画像石中，就有马戏的表演，属于多人马戏。画面中，右边一马奔跑，马背上一人正准备做倒立的动作，后面还有一人准备上马；左边一人正站在飞奔的马上表演，手中拿着马鞭和其他表演道具（如图9－11）。

图9－11　马戏：宴饮舞乐画像石（山东安丘）（徐志君）

【在西安·读一读】

如果您在西安，想进一步了解汉唐时期长安的乐舞与百戏情况的话，请浏览耿占军、杨文秀编著的《汉唐长安的乐舞与百戏》。该书详细介绍了汉唐时期长安（今西安市）流行的音乐舞蹈、杂技及其他体育活动的演出、培训、管理等情况。

第十章
唐、五代绘画中的乐器

1. 宫廷燕乐

在古代中国，宫廷举行大型宴会时，常常会有大型歌舞音乐表演，供客人欣赏，这种歌舞音乐被称为燕乐，也叫作宴乐。

在隋唐之前，中国古代宫廷流行的音乐表演以周代流传下来的雅乐为主，汉至隋唐期间，汉族人又创造了一种新的音乐——清乐。宋代一位叫沈括的大学者在他的著作《梦溪笔谈》中说，隋唐至宋代宫廷流行的燕乐，就是汉族通俗音乐与唐代境内其他少数民族的通俗音乐糅合而成的宫廷新音乐。

燕乐在中国古代宫廷流行不是偶然的，它在隋唐时期的极大发展，与隋唐的几位嗜好燕乐的皇帝大力推动有着紧密的关系。如唐太宗常在宫廷组织 120 多人的乐队演奏《破阵乐》，以此来赞美他的武功。唐玄宗更是被称为"梨园之祖"，他既能作曲，又是打羯鼓的高手。隋唐时期宫廷常设规模宏大的音乐机构，其中乐工多达五万人。唐玄宗将大型宫廷乐队按演奏乐曲的风格，分成"十部乐"，又将人数较少、器乐声音清丽，需要高水平乐师在室内坐奏演出的称为"坐部伎"，在室外的大型演出称为"立部伎"。

燕乐并不是纯音乐表演，它常常与器乐、声乐、舞蹈、百戏等艺术形式一起演出，其中比重最大的是歌舞音乐。唐代的乐器有 300 余种，燕乐所使用的乐器主要有琵琶、竖箜篌、筚篥、笙、筝、横笛、羯鼓、方响等。我们今天可以从史籍和敦煌的大量唐代乐舞壁画中，看到燕乐使用乐器的情况。

唐代的教坊和别教院汇集了许多著名的歌唱家和演奏家，如筚篥名手尉迟青，吹笛名家李谟，歌唱家李龟年、许和子等。教坊的乐工不仅在宫廷中演奏，还到贵族家中献艺，年老乐工则在宫外以传习歌舞为业，使燕乐得以广泛传播。

安史之乱以后，唐代国力衰微，豪华的宫廷燕乐表演也衰退了，宫廷无力维持庞大的乐队演出，很多宫廷乐工流散到民间。待到宋代，宫廷燕乐虽然沿用了唐代的一些制度，也设立了音乐教坊，但无论是乐队的规模还是演奏的曲目，都仅仅相当于唐时盛况的一部分。宋代的大曲开始向歌舞剧演变，许多乐段逐渐变为曲牌，分散于词曲、戏曲、说唱和器乐中，大曲作为独立的音乐体裁则日渐消亡。

今天，我们还能在流传下来的工笔画、壁画等绘画作品中，清晰地看到隋唐、五代时期的画家、工匠描绘的有关宫廷、贵族宴饮时的燕乐表演图像。这些画作在中国美术史中被称为仕女画或宫乐图。这些精美的绘画艺术珍品中的弹拨、吹奏、打击等三类乐器汇聚一堂的图像，虽然不能作为研究隋唐燕乐的现实依据，但我们依然可以管中窥豹，了解隋唐、五代时期高度成熟的燕乐形式，也有助于我们想象盛唐气象，回望丝绸之路上，汉族与各少数民族之间互相融合、相互学习的情景。

图 10 - 1　　《唐人宫乐图》（局部）

现藏台北"故宫博物院"的《唐人宫乐图》，宽48.7厘米，长69.5厘米，此画虽是唐代无名氏作品，但写实水平极高，可以说是唐代仕女画的经典之作。这幅作品不仅在绘画艺术上有极高的价值，在唐代物质文化研究上，也给今天的学者提供了丰富的视觉图像资源。这幅作品原来的题签是"元人宫乐图"，但画中人物的发型、绷竹席的大案、腰子状的月牙几子、饮酒的羽觞以及演奏的乐器等物件都符合唐代的风格（如图 10 - 1）。所以，此画已更名为"唐人宫乐图"。它描绘的是唐代后宫嫔妃们围坐在一张巨大的方案周围，有的品茗，有的行酒令，中间四人负责吹奏助兴。这四位演奏者所吹奏的乐器，从左到右分别为笙、古筝、琵琶和筚篥。旁边还有一个小侍女轻敲牙板，为小乐队打节拍。我们可以从画面上每个人物陶醉、遐想的表情来推想，席间的乐声一定非常悠扬、舒缓，非常契合饮酒品茶的氛围，否则方案下的小狗是不会那么悠闲地打盹的。

2. 琵琶（pípa）

图10-2画面中弹拨的琵琶，是唐代燕乐的主要乐器之一，当时上至宫廷乐队，下至民间演奏都少不了琵琶，而且它常常在乐队中处于领奏的地位。"琵琶"二字中的"珏"，就是两块玉器相碰撞发出清脆悦耳之音的意思。唐代著名诗人白居易的名作《琵琶行》，就描述了琵琶弹奏时的音响效果：琵琶弹奏时，粗弦发出恢宏悠长的嘈嘈声，就像暴风骤雨一般急促；细弦和缓幽细，如同有人低首私语；当嘈嘈切切声交错弹奏时，就像一串大小不等的珠子掉落在玉盘上发出的声响一样。

图10-2　顾闳中《韩熙载夜宴图》中用拨子弹的曲项琵琶

最早的琵琶大约出现于秦代，有关琵琶的文献记载最早出现在汉代一本专门解释各种器物的书籍《释名·释乐器》中，文献记载琵琶最初是少数民族游牧人骑在马上弹奏的乐器。《唐人宫乐图》中的嫔妃横拨的直项琵琶，与今天收藏在日本宫内厅正仓院北院中的唐代螺钿紫檀五弦琵琶十分相似。

唐代后期，琵琶的演奏技术由原来的横抱演奏变为竖抱演奏，由用拨子弹拨变成了用手指直接演奏。唐代是琵琶艺术发展的高峰，涌现出大量著名的琵琶乐曲和演奏家。如曹保，其子曹善才，孙子曹纲，祖孙三代都是著名的琵琶演奏家。唐太宗时期最重要的琵琶演奏家是裴神符，他首创了琵琶手指弹法。还有段善本，他是著名的佛殿乐师，后进入宫廷成为皇家乐师。唐代文献和大量的唐诗中，有许多篇关于琵琶演奏的精彩篇章，这些都说明当时琵琶演奏在音乐演出中的重要地位。

3. 筚篥（bìlì）

《唐人宫乐图》中，最右边的乐手吹奏的乐器也非常有意思，它的名字叫"筚篥"，是一种外来乐器。唐代的古籍文献中记载，筚篥是由古代龟兹国经丝绸之路传入汉族地域的乐器，龟兹就是今天新疆维吾尔自治区库车市，筚篥的读音是汉族人根据龟兹人的发音译来的。由于它的音调给人一种悲凉的感觉，所以当时又叫它"悲篥"，它的形状有点像蔬菜中的茄子。今天，我们还可以从新疆许多石窟寺的壁画或雕塑中看到有关筚篥形象的描绘。

筚篥并不是很长，长的一般有 33 厘米，短的只有 18 厘米，一般有八孔或九孔两种不同形制。它的音色非常高亢，哀婉悲凉，所以在当时的北方管乐演奏中常常用于领奏。

唐代著名诗人李颀，在一个除夕之夜和朋友围坐饮酒时，听到当时著名的筚篥演奏家安完善吹奏筚篥，筚篥凄清愁苦的音调让李颀感慨万千，他便专门写了一首诗记载这次音乐欣赏。诗中细致描述了筚篥吹奏时变化多端的音调转换，筚篥整体哀婉悲凉的音调具有很强的感染力，让远离家乡的听众被深深地感动，不由得掉下思乡泪。

但李颀说，筚篥不是只有悲凉凄苦之调，还能模拟自然界的声响。有的像寒风吹打着树叶，更神奇的是，听众还能从演奏家的吹奏中听出树叶的形状，比如阔叶的枯桑，细叶常绿的老柏树。筚篥发出的声音可如初生的动物雏音一般稚嫩，也可以像龙吟虎啸一般雄壮，还可以像山间的飞泉一样清脆。筚篥还可以吹奏出柔软舒缓的曲调，让听众在西北塞外的荒凉环境中，联想到杨柳繁华的春天景象，给人感觉仿佛进入了春天的皇家上林苑中，看见一片百花齐放，春意盎然的景象。

现藏美国芝加哥美术馆的《合乐图》，是在绢上设色，宽 41.9 厘米，长 184.2 厘米的手卷画，被研究者认定为五代著名人物画家周文矩的作品。《合乐图》在题材内容与画面构图上，与五代著名画家顾闳中的《韩熙载夜宴图》有密切的关系。

《合乐图》描绘的是五代时期南唐贵族在室内欣赏燕乐表演的场景（如图10-3）。如果说前面提到的《唐人宫乐图》中的小乐队表演是饮酒、品茗时的助兴节目的话，那么《合乐图》描绘的就是一次严肃的五代室内大型"交响乐"表演。画面左边是皇室贵族盘坐在榻上，心无旁骛地聆听乐队演出。画面右边乐队组合中弹拨吹奏的乐器，堪称五代宫廷乐器的集中展示。我们可以从画面上看出五代时期大型燕乐演奏时的乐队排列情况，从左到右，分上下两队并行排列，上排乐队乐师们演奏的乐器依次是琵琶、筝、竖箜篌、方响、笙、细腰鼓、横笛、筚篥、拍板、建鼓。下排乐队中用尺八替代了筚篥。从乐器排列的前后位置可以看出，琵琶在乐队中处于第一的位置。画面中的琵琶与《唐人宫乐图》中的直项琵琶不同，它已经被改进为曲项，属于外来乐器。

图10-3　周文矩《合乐图》（局部）

4. 筝

筝又名秦筝、汉筝，是中国民族传统乐器中独特又重要的乐器之一，属于弹拨乐器。筝的音色优美，音域宽广，演奏技巧丰富，表现力很强。它既可以独奏、重奏，也可以与其他乐器合奏，被誉为"东方钢琴"。《合乐图》的画家写实水平极高，画中筝的琴弦共有13根（如图10-4）。

图 10 - 4　《合乐图》中的筝

5. 竖箜篌（shùkōnghóu）

　　《合乐图》中的竖箜篌当时不仅在宫廷使用，在民间的演出中使用也非常广泛。它是汉代时从波斯帝国传入的外来乐器，因此也被称为胡箜篌。根据形制结构不同，箜篌分为竖箜篌、卧箜篌和凤首箜篌三种类型。今天，我们还能从敦煌壁画中看到竖箜篌、卧箜篌的图像（如图 10 - 5）。竖箜篌在唐代时传入日本，日本的正仓院中至今还珍藏着唐代制作的一架漆槽箜篌和两架螺钿槽箜篌残品，这是中日两国文化交流的历史见证。这架竖箜篌的形状如半截弓背，有 22 根琴弦，弹奏时竖抱在怀里，从两面用双手的拇指和食指同时弹奏。

图 10 - 5　敦煌莫高窟第 127 窟壁画中的箜篌

6. 横笛

横笛是唐代区别于竖吹的笛子，使用时横吹。横笛由竹子制成，通常有六个指孔。笛子是迄今发现的最古老的汉族乐器，在隋唐时期流传广泛，隋唐的燕乐中常使用横笛，唐玄宗也酷爱吹横笛。唐诗中描述朋友之间的送别情景时，常借用横笛之音。如送别酒喝得正高兴时，横笛的音乐由欢快转向悲伤，说明朋友作别的时间到了。五代时期顾闳中的长卷《韩熙载夜宴图》中，有"清吹"的情景，描绘的就是歌伎吹奏笙箫、横笛的画面（如图10－6）。

图10－6　清吹：顾闳中《韩熙载夜宴图》（局部）

7. 方响

方响是一种打击乐器，它由16枚大小相同、厚薄不一的长方形铁片组成，分两排悬挂在架子上。用小铁槌击奏，声音清浊不同。方响是隋唐燕乐中常用的乐器（如图10－7）。

图 10 - 7　方响：周文矩《合乐图》（局部）

8. 羯鼓和建鼓

《合乐图》中有两种鼓，一种是排在前面的细腰鼓，称为羯鼓。羯鼓最早起源于印度，经丝绸之路从西域传入中国，盛唐时非常流行。敦煌唐代壁画中，有许多描绘羯鼓的图像（如图 10 - 8）。另一种是建鼓。画面中，乐队最末端还置有一架红色大鼓，即为建鼓（如图 10 - 9）。它是今天中国所有大鼓的祖先。

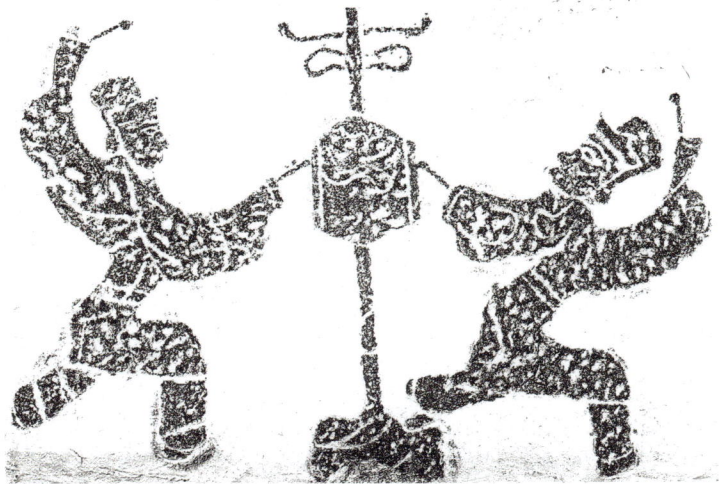

图 10 – 8　羯鼓：汉画像石

图 10 – 9　建鼓：周文矩《合乐图》(局部)

目前所知年代最早的建鼓实物，是 1978 年湖北省随州市曾侯乙墓出土的建鼓，距今已有 2 400 年历史。从《合乐图》中可以看到，建鼓的鼓身长而圆，体积比较大，中间稍粗，两端略细，两面蒙皮。用两鼓槌击鼓一面，声音洪大，传播甚远。画面中鼓身插在红色木座上，上面还有一柄工艺精细的华盖，四周都有龙首雕饰，下垂有红色盘扣结流苏，女乐师正在奋力击打鼓面。

9. 笙

前面提到的《唐人宫乐图》与《合乐图》中，都有乐师在吹奏笙的图像，可见笙也是隋唐时期燕乐表演的主要乐器。笙是中国古老的吹奏乐器，是世界上最早使用自由簧的乐器，对西洋乐器的发展曾经起过积极的推动作用。1978 年，湖北省随州市曾侯乙墓出土了 2 400 多年前的几支匏笙，这是目前发现的最早的笙。春秋战国时期，笙已经非常流行，与竽同是声乐伴奏的主要乐器，有时也可独奏。到唐代，竽、笙有时仍并用，但竽一般只用于雅乐，而笙却在清乐、西凉乐、高丽乐、龟兹乐中被广泛采用。

10. 古琴

图 10 – 10　古琴：周昉《调琴啜茗图》（局部）

现藏于美国纳尔逊·艾金斯艺术博物馆的《调琴啜茗图》，长 75.3 厘米，宽 28 厘米，传为唐代著名人物画家周昉的作品。画面描绘的是几位闲适的宫廷贵妇在园中石凳上品茶、弹琴的场景（如图 10 – 10）。古琴在中国文化中有着强烈的文化象征意义，它是古代文人的必修之器。唐琴尤其是盛唐之琴，造型肥而浑圆。其表面漆灰有墨色、栗壳色两种，长度一般为 120～125 厘米。文献记载唐时的制琴高手有雷氏家族、张越、郭高等。

【在西安·看一看】

陕西历史博物馆

如果您在西安，还想了解中国古代的其他乐器形制的话，请参观陕西历史博物馆。陕西历史博物馆是中国 AAAA 级旅游景点，馆藏文物历史时间跨度长达一百多万年，文物数量丰富、种类齐全，而且精品多、价值高。馆里收藏的大量绘画、雕塑、陶俑、青铜器等文物中，有很多关于中国古代乐器的描绘。馆内重要的展览有唐代遗宝展、唐代壁画珍品展等。您可以通过本书，按图索骥，到陕西历史博物馆进行一番寻宝之旅，一定会有别样的趣味。

第十一章
唐代人物画中的棋艺

在中国的隋唐时代，一种叫博弈的游戏，不仅受到普通市民的欢迎，更是文人雅士们用于消遣娱乐、交往的方式之一。很多历史文献中都有唐代著名诗人李白、杜甫、骆宾王、陈子昂、崔颢等人爱好博弈游戏的记载，这些诗人还留下了很多专门描写博弈游戏，并由此抒发内心情感的著名诗句。

博弈游戏深受当时民众的喜爱，不限于唐代的长安、洛阳等大城市，同样，在远在边塞的甘肃敦煌地区，博弈也非常受欢迎，是一种雅俗共赏的娱乐活动。

图 11-1　汉代木制六博俑

博弈是"博戏"和"对弈"的统称。"博戏"主要包括六博、骰戏、双陆、骨牌、麻将等游戏娱乐形式，"对弈"主要包括围棋、象棋等棋类游戏。作为一种重要的娱乐形式，博弈很早就进入了中国古代娱乐的行列，战国秦汉时期在民间和宫廷都很盛行。

湖南长沙的马王堆汉墓中，还出土了一套保存完整的博弈实物。我们在很多汉代的画像石、画像砖中也能看到描绘博弈游戏的画面。东汉时有人还专门写了一本《博经》，介绍六博的玩法，可惜这本书早已散佚。不过这说明博弈游戏在古代中国是一种非常普及的游艺形式。

敦煌壁画中也有多幅表现唐代人博弈游艺的画面，它们主要集中在名为"维摩诘经变"的壁画中，壁画的本意是想借博弈游艺活动表现维摩诘"若至博弈戏处，辄以度人"的情结。而敦煌壁画第 159 窟东壁上绘制的"掷骰子"的场景，就是描绘普通唐代人闲暇时博弈娱乐的情景。画面上，有四个头戴幞头的男人，围坐在一张大方案旁，正聚精会神地玩掷骰子游戏，一旁还有一位妇女观战。画面描绘非常细致，大方案上的三颗骰子清晰可见。

莫高窟第 454 窟东壁门上所绘《维摩诘经变》的"对弈图"壁画，表现的是对弈，即今天的围棋游艺。画面描绘了两人对坐，正手执棋子，全神贯注在棋局上。与之相反，画的右侧，维摩诘则气定神闲地坐于一旁，一手执尘尾，一手前屈于胸前，似乎正在点评棋局。画工的写实技艺非常高超细致，连案几上的格子都清楚无误地画出来了。

1. 双陆

除敦煌壁画中描绘的博弈画面外，很多绢本人物画中也有描绘人物博弈的场景，如《内人双陆图》《弈棋仕女图》等。

图 11 - 2　唐《内人双陆图》

《内人双陆图》据传是唐代著名仕女画家周昉的作品，我们现在看到的是宋代画家的临摹本，此画现藏于美国弗利尔美术馆，中国台湾的台北"故宫博物院"也有一件同名作品。此幅作品描绘了两名穿唐装的贵族妇女正在下棋消遣的情景（如图11－2）。画题中的"内人"指的是宫廷内闱中的女性。画面中间有两名衣着华丽的贵族妇女正对坐着玩双陆，她们的左右都有贴身仕女正在观棋。这里所说的"双陆"同六博游艺一样，也是通过掷骰子行棋的游艺。据文献记载，双陆最早始于印度，经丝绸之路传到中国，早在魏晋南北朝时就开始流行，到唐代时达到鼎盛，宫廷贵族、文人雅士尤其喜欢。由于双陆的游戏规则比围棋更简单易学，而且娱乐性、趣味性更强，因此也得到贵族妇女的喜爱。此图同新疆阿斯塔拉出土的屏风画《弈棋仕女图》等作品的画面一样，皆从侧面反映了当时贵族的生活情调。图中贵妃及仕女造型"以丰厚为体"，衣纹简劲，色彩艳丽雅致，有唐代风韵。

2. 围棋

围棋，古称弈，是中国最古老的棋艺之一，相传为尧舜所发明。春秋战国时，围棋在社会上已经相当流行。孔子就曾借下围棋来教育他的弟子：与其终日游手好闲，还不如玩玩博戏，下下围棋。到了秦汉时期，围棋继续流行，汉代后宫的嫔妃宫女都非常迷恋下围棋，而且这些后宫中寂寞的宫女将下围棋与祸福联系在一起，为单纯的游艺附加了另外的象征含义。汉景帝也喜欢下围棋，考古学家就曾在汉阳陵的南阙门发现了刻有17道纵横线条的陶制围棋盘。

东汉时期，喜欢围棋的人更多，还经常举行围棋比赛，甚至出现了将围棋选手分为上、中、下不同等级的分级现象。魏晋南北朝时期，围棋活动因格调高雅、奥妙无穷而被称为"手谈"或"坐隐"。晋朝的时候，有一个叫王质的人进山砍柴，看见一老一小在下围棋，于是便坐在一旁观看。等到一局结束，起身准备提斧子继续去砍柴时，发现斧子柄已经朽烂了。等他回到家里，家乡已经大变样，已经没有人认识他，他提起的事，老人都说是近百年前的事了。所以后人把"烂柯"当作围棋的别名。这一传说说明下棋是休闲的、高雅的，同时也是消磨时间的一个活动，它使人在对棋局的专注中忘记了光阴的流逝。下围棋是一项费体力、耗智力的高雅运动，同时也是有闲阶层的休闲活动。在古代中国人的想象中，没有生命之忧、没有生活之虑的神仙最适合下棋。

唐代时期，围棋有赌胜负的意味，又是一件雅事，所以风靡朝野。围棋在上层的盛行，特别是皇室对于围棋的热衷，无疑加大了围棋的影响力和普及度。僧人和道士也大都喜欢下棋，因为他们都身在世外，都有大量的空闲时间需要打发，所以下棋就成为他们生活中不可缺少的活动。围棋规则进一步趋于科学、合理、定型，围棋运动进入成熟阶段，成为唐代棋类活动中最为流行的一种。

　　出土于新疆吐鲁番的《弈棋仕女图》（局部），高 62.3 厘米，宽 54.2 厘米，现藏于新疆维吾尔自治区博物馆，这说明了围棋运动在古代中国的流行程度。墓主张氏是武则天时安西都护府的官员，曾被授予上柱国勋爵。此画为代替壁画用来装饰墓室的绢画，主要描绘墓主人生前的生活内容，即描绘贵族妇女对弈围棋为主题的场面（如图 11－3）。可惜此图出土时已经破碎。

图 11－3　唐《弈棋仕女图》（局部）

　　《弈棋仕女图》是唐代无名氏的作品，描绘的是唐代宫廷贵妇弈棋的场景，对弈中的两人，其中一人形象已经残损，画面中的贵妇正在聚精会神地对弈。她正用右手食指和中指捻着棋子，非常慎重地将棋子摆在画有 17 道纵横线的棋盘上。画中贵妇头梳高发髻，装饰簪花，曲眉凤目，肌体丰腴，一副高级官员家眷特有的贵妇形态。《弈棋仕女图》的绘画技艺高超娴熟，线条舒展流畅，设色单纯明丽，人物所穿衣饰的立体感、脸上的神情、手指的动态都刻画得惟妙惟肖。此画是一幅典型的唐代仕女画风格的艺术珍品，更是弥补了中国美术史上唐代仕女画实物作品的空白。

　　围棋又称为忘忧、无忧子，因为围棋能够使人忘却生活中的许多烦恼。它有陶冶性情的奇妙作用，钱希白《南部新书》曾经提供了一个例子，说唐代宗时候的朝臣李讷性格暴躁，但是酷爱围棋，只有当他下棋的时候才变得和蔼可亲，所以当他遇到事情要发脾气的时候，家人就赶紧给他送来一盘棋，李讷一看到棋，心情马上为之一振，拿起棋子研究起布阵之法。不闻人语响，但闻棋子声。下棋静中有动，需要思虑周密，既可消遣，又可忘忧，同时又为诗歌创作提供了很多有趣的话题。今天我们对唐代围棋活动的了解，有不少就是借助于唐人诗歌。

五代周文矩的作品《重屏会棋图》中也有表现对弈的内容。该作品现藏于北京故宫博物院，画卷宽40.3厘米，长70.5厘米。《重屏会棋图》中的房间陈设简单雅致，衬托出宁静高雅的气氛，我们通过画面中摆放的一张卧具，4个人舒适而放松的坐姿，可以推断，这是个比较私密的宫内空间。画面中的人物容貌写真，个性迥异；衣纹疏密有致，色调自然，显示了画家高超的绘画技艺（如图11-4）。

图11-4　周文矩《重屏会棋图》

图居中的观棋者为南唐中主李璟，他头戴高帽，面庞丰满，细目微须，身材魁梧，仪态气度出类拔萃，目光前视，若有所思，或是在静观胜负，有种淡若幽兰的感觉。据史籍记载，中主李璟与诸兄弟之间情分深厚，相处和睦，而且谦恭下士，礼遇大臣，处处表现出儒者风范。

案子两侧对坐下棋的是齐王李景达和江王李景逿。他们两人侧身或半侧身而坐，彼此观察着，右边的李景达神色自若，目视对方，正用手指点案催促。对坐的小弟李景逿，右手执子，举棋不定。晋王李景遂，亲昵地扶着小弟肩膀，凝视棋盘，神色专注，微笑中透着决心角逐的神气。各人的情态刻画得细腻准确，富有个性。室内长榻上摆着错金投壶和棋盒，右长几置放衣笥巾箧，几前一童侍立。环境舒适，与安静的会棋情景交融，从而烘托出人物的闲情逸致。

　　周文矩笔下的李璟形象风度正与文献吻合，具有艺术和历史两方面的价值。作品通过弈棋的风雅画面歌颂了李璟对兄弟们谦和敦睦的品德，也真实地反映了南唐的宫廷生活，构思奇巧，画中有画，以纵深感增添画面的情趣。

【在西安·看一看】

陕西历史博物馆

　　如果您在西安，可以参观陕西历史博物馆，其中的唐代壁画珍品展区常设有壁画展览，我们可以通过参观这些壁画，近距离全面了解唐代社会的政治、经济、文化、艺术等。陕西历史博物馆现存有墓室壁画近 600 幅、约 1 000 平方米。陕西历史博物馆常设展的第二、三展厅专门陈列汉唐时期的文物，我们可以从这些壁画、陵阙、画像石、陶俑等文物的细节中找寻唐代贵族的棋艺娱乐画面。

第四篇

服饰饰品

　　本篇内容主要介绍中国汉代的汉服与唐代的唐装，以及在中国民间还极具生命力的结艺、剪纸与马勺脸谱艺术。

　　服饰艺术是一个朝代整体艺术观念的综合表现，随着社会的发展、政治制度的确立，汉代的祭祀礼服、朝服、冠冕等服饰制度也确立了下来。汉代妇女的服饰也款式多样。唐代是一个自信开放的朝代，它的服饰也呈现出"以露为美"的开放时尚特征，这说明了女性地位的提高。

　　结艺、剪纸、马勺脸谱艺术，是既古老又鲜活的民间艺术，它们的图案往往隐含着吉祥如意的祝福，至今仍是深受中国人喜爱的艺术形式。

第十二章

汉代服饰

原始社会，人们用兽皮、树叶、羽毛等材料制作遮蔽身体和保暖的衣服。奴隶社会，衣服进一步有了等级和审美的意义。到了封建社会的汉代，衣服的形式、制度进一步完善，为后来的中国服饰发展奠定了重要的基础。

1. 汉服不等于汉代服饰

近年来掀起了"汉服热"，很多人开始对中国的传统服装有了浓厚的兴趣。那么，汉服和汉代服装是一回事吗？汉服是指汉代人们穿的服装吗？其实汉服的概念更广泛。汉服是指汉民族的传统服饰，也就是从史前开始一直到明代末，汉民族的独特服装和配饰体系。汉服通常有长袍、宽带、广袖等特征，代表了汉族的文化和审美特点。

2. 汉服的等级礼仪

汉代规定了严格的舆服制度，用帽子和佩戴的玉饰来区分人的身份等级。用服装来规范等级礼仪，这种制度也是逐渐形成的，中间还有一些有趣的故事。

汉高祖刘邦是农户出身，他打天下的时候，重视武将，不喜欢读书人。《汉书·郦食其传》中记载刘邦身边的骑士对别人说："刘邦不喜欢读书人，有客人戴着读书人的帽子前来，刘邦就摘下他的帽子，在帽子里面撒尿。"所以当谋士孙叔通穿着百姓穿的短衣服时，刘邦看着心里很高兴。等到平定天下以后，有的武臣在刘邦面前也没有礼数，在宴会上醉酒，争相邀功，大呼小叫，甚至抽剑砍殿堂的柱子。刘邦看了很生气。这时候，孙叔通说："读书人虽然打仗不行，但是可以帮你守住天下。"于是，刘邦参照古代的礼法和秦代的服装礼仪进行了一些改革，这里面就包括了对各级官员的服装、配饰等的严格要求。在朝会中，群臣身穿礼服依次向皇帝行礼。刘邦这才满意地说：

"今天，我才真正体会到了做皇帝的尊贵。"在这套礼数中，规定用不同服饰来区别上下尊卑是一项重要内容。每个等级的人要穿与自己等级匹配的衣服，让人一看到他穿的衣服就知道他的身份地位。例如，规定掌管奴隶、俘虏、劳役、治理道路并巡查都城附近的司吏戴进贤冠，穿禅衣；在朝见皇帝时，引导唱礼仪的谒（音 yè）者戴高山冠；传达皇帝命令的黄门郎头戴皮帽，身穿红色上衣、白色裤子；演奏乐器的人戴建华冠；汉代的帽子种类有 16 种之多，不同等级身份戴不同的帽子（如图 12－1）。

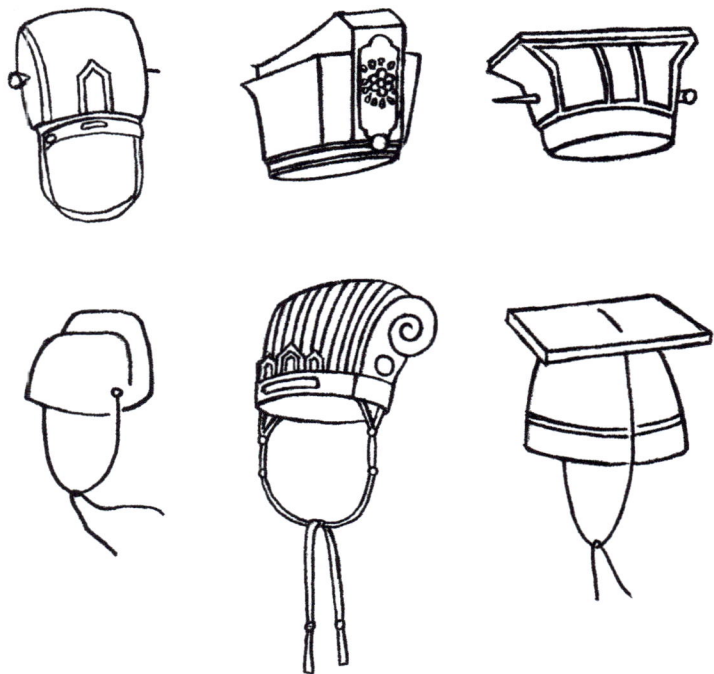

图 12－1　汉代冠

在古代，贵族男子成年后都要戴冠，根据不同的身份等级戴不同的冠，而普通男子则是裹头巾。古人在戴冠之前都要用黑色的布在额头周围包裹一圈，把头发固定住，后来裹头发的布把头顶也包住，有的还加了垂下来的双耳，叫"帻"（音 zé）（如图 12－2、图 12－3）。再后来贵族、官员在闲暇的时候为了方便也只戴帻。

图 12－2　戴帻的官吏：东汉河南密县打虎亭石墓雕像拓本（局部）

图 12－3　古代男子所戴的帻

3. 深衣的流行

从西汉开始，汉族贵族经常穿深衣。深衣是一种长袍，无论棉衣或是单衣都可以做成深衣的样式。根据古代人上衣下裳的习俗，深衣制作的时候都是先裁成上下两部分，然后再拼接起来。这样一件式的深衣体现了中国"天人合一"的哲学思想。衣服的下边缘、领口、袖口处用不同的颜色进行区分和装饰，显得既简洁又美观。深衣的领子是从左向右交叉的。有一种"曲裾深衣",左边衣襟绕过身体右侧,把身体裹一圈,然后在腰部或者臀部用绸带绑起来固定住。如在湖南长沙马王堆一号汉墓出土的帛画中,墓主人辛追就穿着华丽的深衣,准备通往天国(如图12-4)。深衣的衣襟很长,可以绕身体几圈,加上衣襟是接近三角形的,在身体上绕过之后形成层层叠叠的效果,十分美观。这样的深衣把身体包裹得很紧,人们在行走时的动作也不会太大,因而显得文雅有礼节。衣服下端比较宽大,像喇叭一样,方便迈步。衣服的长度接近地面,有曲线的美感,同时能很好地遮蔽身体,行不露足,起到深藏不露的作用。曲裾深衣不论男女都可以穿。

图12-4　身穿深衣的贵族妇女:湖南长沙马王堆一号汉墓帛画(局部)

汉民族所有的交领衣服都是左边衣襟压住右边衣襟,这种从左向右绕到身体右边再固定的,叫"右衽"。而一些少数民族的衣服是"左衽",所以"右衽"又被当作汉族的象征。少数民族很多是游牧民族,靠打猎生活。因而关于"左衽"有种说法,少数民族在拉弓射箭或者投射时会被右边的领口摩擦到,影响准确性,所以他们的服装是左衽的。左衽的服装也可以方便在打猎时左手伸进怀中拿取汗巾等东西。汉族人因为比较早进入农业社会,靠种植业为生,几乎不需要打猎了,于是发展出右衽的服装习惯。

在中国古代,服饰的流行和变化往往是从宫内或京城开始的。《后汉书·马援传》

中说："城中好高髻，四方高一尺。城中好广眉，四方且半额。城中好大袖，四方全匹帛。"意思是，京城流行高发髻，周围地方的人们的发髻就有一尺那么高；京城流行又粗又长的眉毛，周围地方的人们把眉毛画得占了半个额头那么夸张；京城流行宽宽的袖子，周围地方的人们做袖子的布料能用掉整匹丝绸。由于贵族们常穿深衣，于是平民也将深衣作为礼服穿着。

图 12 – 5　马王堆汉墓出土的彩绘深衣木俑

另外一种深衣的衣裾是和地面垂直的，叫"直裾深衣"（如图 12 – 6）。这种款式的衣裾不绕到身后，而是与地面垂直，比曲裾深衣更加方便宽松，因而到了东汉以后，它成为深衣的主要形式。直裾深衣也是男女都可以穿的，但是最初不能作为正式的礼服，只能平常穿着，东汉之后逐渐出现在宴会等正式场合。

图 12 - 6 男式直裾深衣

　　深衣作为正式的礼服，不仅衣长很长，而且袖子长又宽，长度超过手一尺，袖宽也一尺，穿起来很有仪态，但有些不够方便，所以也有日常穿的简便款式。这种款式长度到膝盖下面，袖子的长度到手掌或手腕，袖宽也和现代装宽度接近。

4. 精致的衣领

　　深衣作为外面穿的衣服，领口开得比较低，因而可以露出里面衬衣的领子，这也形成了衣领处的独特装饰效果，有时候露出的衣领有三层，称为"三重（音 chóng）衣"（如图 12 - 7）。西汉的青铜器长信宫灯（如图 12 - 8），就是一个仕女穿着深衣手持宫灯的形象，衣领是三层的，十分精致，右手袖口连着灯的顶部，可以帮助把燃烧产生的烟吸入仕女衣服内部，起到消烟的作用。

图 12 - 7 三重衣

图 12 - 8 汉代长信宫灯

除了互相交叠形成"V"字形的衣领之外，还有一种圆形的衣领，叫"曲领"，也是穿在外衣里面，大而卷曲的圆领露出来，有一种潇洒的风度。传阎立本《历代帝王图》（如图 12 - 9）中的吴王孙权和身边的随从就穿了曲领的衣服，看起来风度翩翩。曲领虽然汉代就有了，但是在注重仪表美的魏晋时期更流行一些。曲领有点像现在的堆领，富有变化，给人的感觉更自在洒脱一些，很有时尚气息。

图 12 - 9　《历代帝王图》（局部）

5. 里衣里裤

汉代的外衣、帽子和我们现在相对西式的服装差别如此之大，让人感到好奇，在这样的外衣下面，里衣穿什么？在深衣的里面，要穿中衣，中衣里面是内衣，在汉代叫"抱腹"或"心衣"（如图 12 - 10）。因为内衣款式短小，所以中衣也算贴身穿的，中衣也可以当睡衣，是不能穿出门或者见客的。

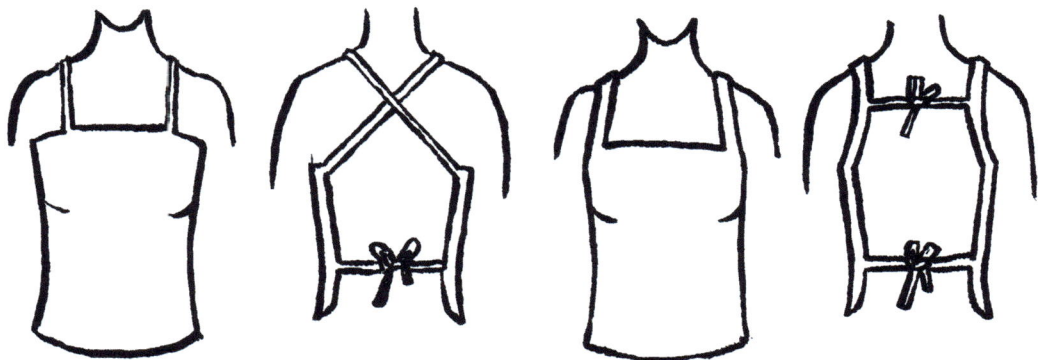

图 12 – 10　汉代抱腹（心衣）正面、背面

中衣一般是白色或者浅色，衣领露出来，和外衣搭配起来很有层次感。中衣是系带子固定的。右边衣襟顶端有一根带子，和左边衣襟里面腋下位置的带子系在一起，然后左边衣襟压在右边衣襟上面，顶端的带子和右侧外面腋下位置的带子系在一起，在腰部还有两个带子系在一起（如图 12 – 11）。这种衣服的穿法使用衣带不用纽扣，衣带和衣服的布料是一样的，因而和衣服是一个整体，符合中国传统的天人合一的哲学思想。像这样款式的衣服，在现在的婴儿服装中非常常见，因为用纽扣、拉链固定衣服，婴儿容易误食纽扣或者弄伤自己，而衣带设计就很安全了。

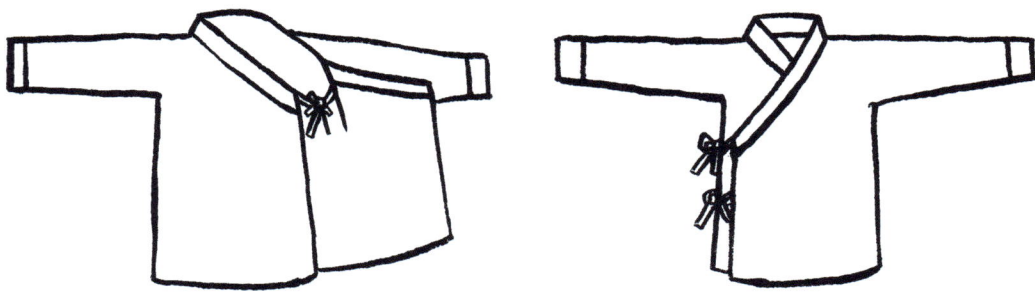

图 12 – 11　中衣穿法

里衣分上衣和下裤（音 kù），上衣就是中衣，而裤有不同的款式。裤属于汉民族的传统服饰，是用来给腿部保暖的，因为风从袍子下方钻进去，冬天腿是比较冷的。最早的裤就叫"胫（音 jìng）衣"。胫的意思是小腿，也就是护小腿的衣服。这种裤子是两条裤管，上面用绳子绑在腰部。因而这种裤子对私密部位是没有遮盖的，这也是要穿深衣的原因。曲裾深衣因为层次多，把身体包裹得更加严实，同时束缚得比较紧，

不能跨太大的步子，所以才能起到深藏不露的效果。当时人们吃饭、会客都是跪着的，也是为了不泄露隐私部位，保持礼貌。后来这种分开的胫衣变得更长，在前面肚子部位连在一起，后腰是用带子系起来的，然而裆部还是裸露的。直到汉昭帝时，才出现在裆部完全缝合的裤子，叫"裈（音 kūn）"，裤裆被缝合之后，裤就可以单独穿，外面不用再穿裳或者袍了（如图 12 - 12）。

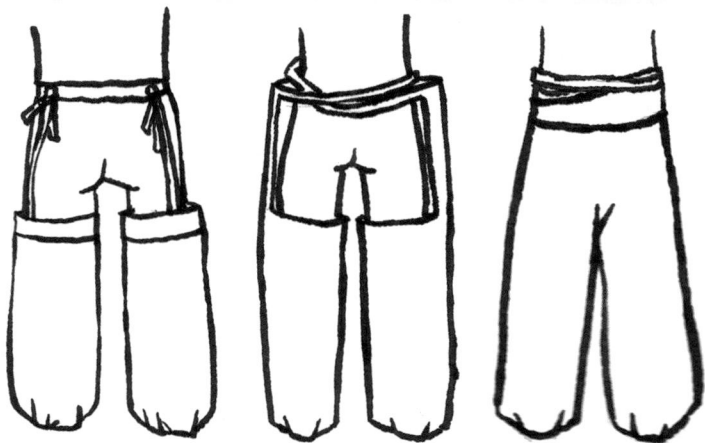

图 12 - 12　袴、裈

劳动人民一直是穿短衣短裤的。一方面，这样方便活动以及劳动；另一方面，底层人民比较贫困，穿不起长长的礼服，短粗布衣服还经常破破烂烂的。描绘舂（音 chōng）米①场景的画像石（砖）（如图 12 - 13），劳动中的人们穿的就是短衣短裤。东汉的说唱俑（如图 12 - 14），上身赤裸，下身穿着裤装，左手拿着鼓，右手拿着棒，动作夸张，表情欢快，在给人们表演滑稽剧，十分有趣。汉代表演杂耍的人物形象，大都穿短衣和裤装。

---

① 舂米就是把打下的谷子用棒槌砸，去掉上面的壳。

图 12 – 13　东汉舂米画像石（砖）

图 12 – 14　汉代说唱俑

　　还有更短的裤，叫"犊鼻裈"，形状和现在的三角裤接近，相当于大三角裤，是底层人民劳动时穿的。传说汉代著名才子司马相如和卓文君互相爱慕，但卓文君父亲不同意他们的亲事，于是两人私奔了。为了赚钱，他们卖酒为生，司马相如就穿了"犊鼻裈"与下人一起洗酒具。后来卓文君的父亲看到了，觉得太丢面子，于是给他们钱财让他们在一起了。所以看得出有身份地位的人是不穿"犊鼻裈"的。

　　到了现代，汉服在很多场合还能见到。比如在一些表演中、一些具有传统意义的仪式里，还有一些和旅游相关的活动中，参与者经常身穿汉服。还有很多年轻人为了凸显个性和民族特色，纷纷穿上了汉服。许多大学都有汉服社，学生们在一起研究汉服的穿戴和礼仪，传播民族文化。在普通民众的生活中，能看到越来越多的人穿着汉服走上街头，成为一道靓丽的风景，尤其是很多家长喜欢给小朋友穿上汉服，让他们也感受一下传统文化（如图 12 - 15、图 12 - 16）。一些设计别致的服装也采用了汉服的元素和特点，具有明显的民族风格，掀起了一股汉服热潮。

图 12 - 15　穿曲裾深衣的小朋友（可可妈妈摄）　　图 12 - 16　穿直裾深衣的小朋友（隋雨安妈妈摄）

【在西安·看一看】

汉阳陵博物馆

汉阳陵是汉景帝刘启及其皇后的合葬陵园，在今天陕西省咸阳市，这里是一座展览方式比较现代的博物馆。参观者通过阳陵上方的玻璃地面，可以很清楚地看到随葬的人俑与陶鸡、陶猪等动物陶俑，和墓室的文物近距离接触，感受非常真实。这座博物馆距离西安市不到一个小时的车程，值得一去。

【在西安·读一读】

如果您对汉代服饰感兴趣，推荐您看张末元编著的《汉代服饰》，该书详细介绍了汉代皇帝、皇后、仕官、武人、侍从、平民等不同身份地位的人的服装、配饰，并用手绘的方法表现了服装的具体样式，内容详细全面。

第十三章

盛唐衣装

唐代是中国古代历史上最强盛的朝代，从经济、文化各个方面都显示出丰富、博大的特征。唐代的服饰，男服实用性更强，女装更为开放，更具有装饰感。

1. 以露为美

盛唐时期，京城长安（今西安）女子的着装非常大胆，露出长长的脖子和雪白的肌肤，显示出唐代女子极为自信的美感。周昉的《簪花仕女图》（如图 13 - 1），描绘了衣着华丽的贵族仕女的闲暇时光。她们迈着悠闲的步伐，赏花、赏鹤、逗狗、抓蝴蝶，悠然自得。唐代的仕女画是中国古代绘画艺术的一个高峰，唐代之后就较少有女性出现在绘画作品中，而这幅《簪花仕女图》可以说是唐代仕女画的精品。从服饰上看，其中五个是贵族仕女，一个是侍女。和讲究深藏不露的深衣不同，《簪花仕女图》中的贵族仕女们穿着及胸的长裙，外面罩着半透明的纱衣，雪白的肌肤半露在外。透过纱衣，可以看到她们雪白光滑的肌肤和手臂，以及从脖子到肩颈的柔美曲线，身体的美展露无遗。

图 13 - 1 周昉《簪花仕女图》（摹本）

2. "肤如凝脂"

《诗经·卫风·硕人》中形容春秋时期齐侯的女儿庄姜的美貌，有这样著名的语句："手如柔荑（音 tí），肤如凝脂，领如蝤（音 qiú）蛴（音 qí）。"意思是：手像刚长出的植物的嫩芽一样柔软白嫩，皮肤嫩滑得像凝固的油脂一样，脖子白净修长。可惜没有留下庄姜样貌的图像，人们不知道她的具体长相。但是《簪花仕女图》可以说是这几个词的最佳注解。画中的仕女真实地表现出了"手如柔荑，肤如凝脂，领如蝤蛴"的含义（如图 13 – 2），让人不禁感叹道："原来肤如凝脂就是这样的啊！"

图 13 – 2　周昉《簪花仕女图》（摹本）（局部）1

3. 唐代最大胆时尚的女装

唐代妇女的衣着主要由三个部分构成：衫、裙、帔（音 pèi）。《簪花仕女图》中仕女们外面的纱衣叫"大袖衫"，薄纱上面有绣花，长度到脚踝，袖子宽度和衣长接近（如图 13 – 3）。这种大袖衫采用了纱罗面料，细腻透明，显示出唐代社会风气的开放。里面穿齐胸长裙，肩背裸露，长度从腋下开始到地面，显得体态修长。这是唐代仕女的穿法，而唐代之前衫的材质主要是布，袖子也比较窄。画面中的五个仕女都穿了红色的裙子，颜色极尽华丽，是当时年轻女子喜欢穿的"石榴裙"。之所以叫石榴裙，是因为和石榴花的颜色相似，鲜艳饱满，据说染料也是从石榴花中提炼出来的。

图 13 - 3　周昉《簪花仕女图》（摹本）（局部）2

4. "拜倒在石榴裙下"

中国有句俗语叫作"拜倒在石榴裙下"，形容男子对女子的爱慕之情。传说这句俗语有一个故事，唐明皇因宠爱杨贵妃而对朝政有所疏懒，大臣们十分不满，见了杨贵妃都不行礼。唐明皇知道后命令所有的大臣见了杨贵妃必须行礼。杨贵妃非常喜欢穿石榴裙，每当她穿着石榴裙经过时，大臣都纷纷跪拜行礼，于是就有了"拜倒在石榴裙下"这句俗语。后来慢慢演变成男子对女子倾慕的意思。

5. 仙女下凡

《簪花仕女图》中，仕女们在大袖衫的外面，还加了一条比较窄长的纱罗绣花巾，叫"披帛（音 bó）"（如图 13 - 4）。披帛绕过后背，搭在两个手臂上，然后自然垂落在身体两侧，到膝盖以下的位置。它几乎没有保暖或者遮盖身体的作用，是纯粹装饰用的。但披帛起的作用可不小，静止的时候，它增加了衣服的层次感，为仕女增添了一分妩媚；走动的时候，它随风飘展开来，仿佛仙女下凡一般，让人心驰神往。

和披帛比较像的叫"帔子"，比披帛要宽和短一些，一边从手臂弯处向上搭在肩膀上，另外一边直接搭在手臂上，也可以把搭在肩膀的一边向前扎进裙子里。穿起来富有变化，有妩媚的感觉。

我们今天的服饰和披帛、帔子比较相似的是围巾和披肩。从款式和材质上说，今天的围巾和披肩的种类更为丰富；但要从营造的那种灵动、高贵的风情来说，却不能与披帛、帔子相提并论。那种美妙的、精致的、娴雅的、灵动的气质与风情可能永远定格在唐代留下的绘画和我们的想象中了。

图 13 – 4　周昉《簪花仕女图》（摹本）（局部）3

6. 浓妆艳抹

《舞乐屏风》（如图 13 – 5）中的仕女妆容引人注目，这首先是她的眉毛很特别，眉头比较深，到眉尾越来越淡，能看到很多淡淡的线条，因为形状像蚕蛾的触须，所以这样的眉叫"蛾眉"。画眉毛的时候要轻轻描画，从眉头逐渐过渡到眉尾，十分细致。

图 13 – 5　《舞乐屏风》（局部）

《簪花仕女图》中的黛眉妆也很引人注目，这是唐代晚期流行的一种眉型，叫"桂叶眉"，也叫"鸳鸯眉"（如图 13-6）。唐代妆容中眉毛的形状是非常多变的，因为在中国古代的妆容里，眉毛所占的地位非常高，和现代妆容重视眼妆不同。"在传统的观念中，女性面庞上最性感的部位，不是嘴唇、不是双眼、不是面颊，而是眉毛。"① 唐代的眉妆水平可以说是古代的高峰，眉型很多，而桂叶眉是其中一种非常特别的形状，像桂叶，短而圆。在画这个眉妆的时候，需要先把眉毛拔掉或者剃掉，然后用青黑色矿石做成的眉粉描出有层次的眉形。今天因为这种眉形不常见，所以现代人看起来觉得有点奇怪，但在当时是非常流行的美妆。

图 13-6　周昉《簪花仕女图》（摹本）（局部）4

《舞乐屏风》中的女子面部很白，从腮部一直到眼睑的位置都涂了很红的颜色，十分艳丽，像今天的戏装。嘴唇也画成了花瓣一样的形状，更加娇艳欲滴。白居易有一首诗叫《时世妆》，描述了当时女子的浓妆艳抹。当时化妆用的颜色非常鲜艳，据说杨贵妃擦汗的手帕都被染成了桃红色，可见妆容之浓。

7. 贴花钿

在《舞乐屏风》画面中，仕女眉间还有一朵醒目的花，这是唐代流行的妆容，叫"花钿"。花钿主要有红、绿、黄三种颜色，大多贴在眉心位置，也有贴在面颊上的；

① 引自董铮：《从〈簪花仕女图〉看唐代贵族女子服饰》，《美术大观》2014 年第 6 期。

大部分是贴一个，也有在面部贴好几个的。花钿的形状有梅花、石榴花等各种花型，也有小鱼、小鸭等小动物的形状，十分可爱。它是用金箔、纸或者其他材料剪成花样，然后用呵胶贴在面部的。据说这种呵胶是用鱼鳔做成的，只要对着呵气，再蘸少量的唾液，就可以粘住。卸妆时用热水敷，就可以去掉。现在很多舞台也使用花钿，能制造出一种华美的感觉。还有小朋友也非常喜欢在节日或者表演节目的时候在眉心装饰花钿，十分可爱美丽。

8. 画斜红

唐墓壁画中的仕女，大都面部画着精致的妆容。在眼角旁边有一道红色的弯月形状，叫"斜红"，这也是唐代很普遍的妆容。相传在三国时期，魏文帝有一名宠爱的宫女叫薛夜来。一天晚上文帝在灯下读书，薛夜来在照顾文帝时不小心撞上屏风，撞伤了脸部，留下了一道红色的疤痕。文帝因此对她更加宠爱了，其他宫女看到了，便效仿她在脸上画起了红色的疤痕，于是成了一种流行的妆容——斜红（如图13－7）。

图 13－7　唐墓壁画中的胡服女子

9. 高耸的发髻

　　唐代的雍容华丽和大胆也表现在发型上。《簪花仕女图》中的贵族仕女把头发全部盘起来，在头顶形成高高的发髻，叫"峨髻"（如图13-6），在上面再戴一朵牡丹花做装饰，非常华丽。文献记载中有许多发髻的名称，但今天已经无法将它们与图像一一对应起来，学者们的说法也不一致，但从美术作品中可以看到唐代的发型是十分张扬的，表现了女子自信和敢于展现美的态度。这些发髻里面有非常高耸的，有垂在肩头的，有螺旋状向上盘起的，也有歪向一边的，有贴近额头波浪形的，还有垂在脸庞两边的，甚至有左右不对称的，造型非常丰富（如图13-8至图13-13）。有一些造型比较奇特的，或者一般的头发不够做成这种造型的，就会用假发来代替。这些假发有木制的、纸制的，也有用布帛做的，用发簪和真发固定在一起，构成美丽的发型。

图13-8　周昉《簪花仕女图》（摹本）（局部）5

图 13 – 9　唐·三彩女陶俑

图 13 – 10　唐·堕马髻陶女俑

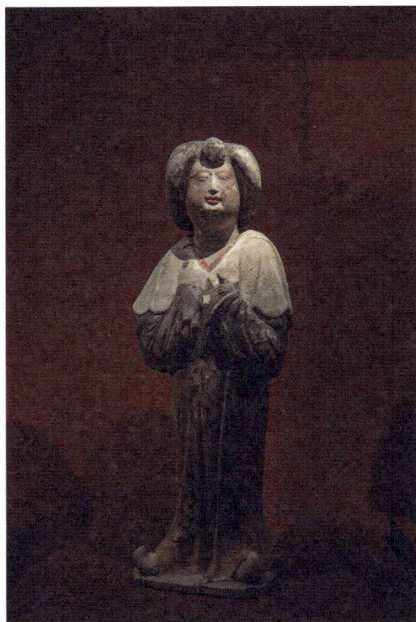

图 13 – 11　唐·女陶俑 1

图 13 – 12　唐·女陶俑 2

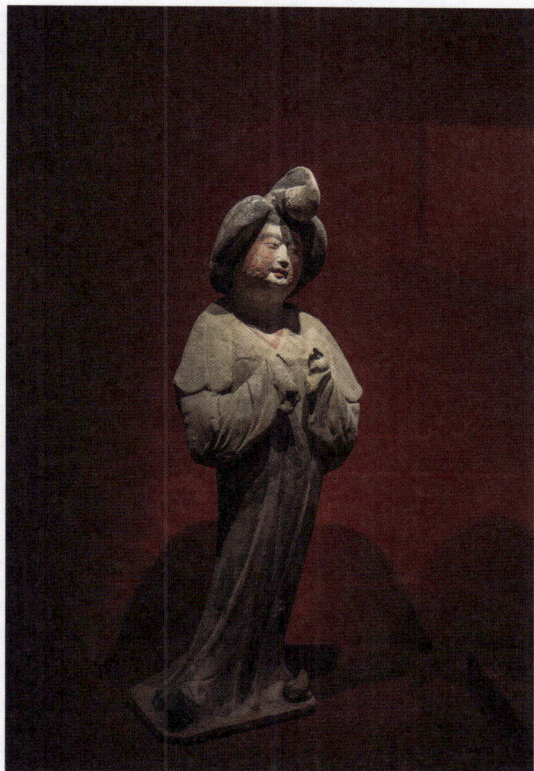

图 13 – 13　唐·花形发髻陶女俑

10. 以肥为美

从唐代留下的大量绘画、雕塑作品来看，描绘的女子大都面庞丰满、身体圆润，可以推断唐代人观念里是"以肥为美"的。这与我们今天追求瘦的审美完全不同。唐三彩女立俑（如图 13 – 14）的脸又圆又饱满，像气球一样鼓起来，几乎看不出下巴的形状，饱满的脸庞衬托出小小的精致的五官，加上微笑的表情，看起来安详又满足。圆润的肩部也可以看出女子身体的丰满，搭配上并不强调腰身的襦裙和半臂，显得落落大方。上襦下裙是当时比较常见的服装，和《捣练图》（如图 13 – 15）、《虢国夫人游春图》（如图 13 – 16）中的款式接近。襦裙装上身是一件长袖，比较短，下身是一件长裙，用带子固定在腰间或者胸部附近，有时候上衣再加一件半臂用来保暖，还有的再加一个帔子或者披帛装饰。尤其是在《捣练图》《虢国夫人游春图》中，固定裙子的带子基本都在胸部附近，给了丰满的身体更加自由的空间，也显示出唐代的女子并不追求纤细的腰身。

图 13 – 14　唐·三彩女立俑

图 13 – 15　张萱《捣练图》（摹本）（局部）

图 13 – 16　张萱《虢国夫人游春图》（摹本）（局部）1

11. 女扮男装

唐代的女装非常华丽，但女子穿男装的情况也比较常见。传说太平公主喜欢穿男装，因而很多贵族妇女也争相效仿。《虢国夫人游春图》中的虢国夫人据说姿色出众，因而不喜欢化妆，喜欢穿男装。在鉴定这幅画里究竟哪个是虢国夫人时，有不少的争议，到现在仍然没有定论。但有一种说法是，画面中最前面的穿男装的是虢国夫人，因为她骑的马是唐太宗的坐骑三鬃马，同时她也有穿男装的习惯（如图 13 – 17）。当然，这也和唐代开放的风气有关，女性比较自由，贵族妇女也会参加一些体育运动，如马球等，因而穿男装也较为方便。

图 13 – 17　张萱《虢国夫人游春图》（摹本）（局部）2

12. 男装

    唐代的男装吸收了少数民族服装的特点，上至皇帝、下到百姓，都愿意在平常穿一些简便又舒服的长袍，叫"常服"（如图 13－18、图 13－19）。这种衣服圆领、窄袖，在腿左右两边开衩以方便行走。官员和百姓的区别在于袍服前的腰带。这种服装叫"襕（音 lán）衫"，不同品级的官员穿不同的颜色，而平民穿白色。

图 13－18　阎立本《唐太宗立像》

图 13 - 19　唐·三彩群俑

　　唐装没有从现代人的生活中消失。因为唐装雍容华贵，所以在很多歌舞表演中，或拍写真照片的时候，人们都喜欢穿上唐代风格的服装，装扮一新（如图 13 - 20、图 13 - 21）。在一些文化活动中，也会有穿着唐装的仪式。很多日常的服装款式中仍然可以看见唐装的影子。它们有的借鉴了唐装的款式，有的借鉴了唐装的装饰纹样，穿起来显得庄重大方。

图 13 - 20　穿唐装的小朋友（可可妈妈摄）

图 13 - 21　唐装风格写真（徐静摄）

【在西安·看一看】

乾陵博物馆

乾陵是唐高宗李治与中国历史上唯一的女皇帝武则天的合葬之地，是全国乃至世界上唯一的一座夫妇皇帝合葬陵。陵地距古都西安 80 公里。在这里您可以感受到乾陵的磅礴气势，看到武则天的无字墓碑和包含 124 件大型石刻的石刻群。这些作品至今仍屹立在乾陵脚下，记录着一千多年前那个伟大的朝代。

【在西安·读一读】

如果您对陕西历史中的服饰感兴趣，推荐您看兰宇著的《陕西服饰文化》，该书详细介绍了陕西古代服饰发展的历史。如果您还想了解除了服饰之外的其他知识，推荐您看李斌城等人著的《隋唐五代社会生活史》，书里谈及隋唐五代时期的衣食住行、社会风俗等内容。

第十四章

中国结艺

1. 结绳记事

结绳记事在文字产生之前就有了。远古人为了记住一件事，就在绳子上打一个结，每当看到这个结，就会想起这件事。如果要记住两件事，就打两个结，记住三件事，就打三个结。后来，为了区别不同的事情，人们就用不同粗细的绳子，在上面打成不同距离的结。大事用粗绳、大结记录，小事用细绳、小结记录，这些结表示不同的意思，由专人（一般是酋长和巫师）操作，并且能讲出这些结代表了什么意思（如图14-1）。

那么，这么简单的结绳能表达出丰富的含义吗？有一种说法认为，其实结绳记事是那个时代的一种非常先进的记录方式，配合语言使用，会起到事半功倍的效果。结绳记事实际上非常复杂，甚至比现代的一门文字更加烦琐。从颜色上，人类至少可以用七种色彩以及黑白两色，共九种颜色，赋予其含义。从材质上，绳子可以用动物毛线绳、树皮绳、草绳、麻绳等各种材质，有几十种类别。从粗细和经纬上，都可以进行细分。这样就能构成最基本的几百个结绳词汇，组合起来能够进行完整有效的记载。

假如说一个部落打败另一个部落，得到了二十只鸡，这件事怎么记载？可以在一根红绳（代表胜利）上，用麻绳打结，编制的时候把鸡毛绑在一起，然后上端打上两个小结，代表"二"，末尾打上一个大结，代表"十"。

近现代还有一些少数民族仍在采用结绳的方式记录。当然，和今天的文字比起来，结绳记录还是很原始的，既复杂，也不容易保存，因而不那么可靠。有了文字之后，结绳的记录功能就退化了，但这种打结的技巧却在继续发展，就形成了我们今天看到的各式各样的中国结。

图 14 - 1　结绳记事

2. 中国结不等于盘长结

在很多人的眼中，中国结就是盘长结，其实盘长结只是中国结的一种（如图 14 - 2）。中国结还包括纽扣结、平结、金刚结、蛇结、双联结、玉米结、双钱结、琵琶结、团锦结、十字结、吉祥结、万字结、藻井结等非常多的种类。它们通常用在一件作品的不同部位，或者和其他的装饰物配合使用，因而不像盘长结那么引人注目，但作用不小。

图 14 - 2　盘长结

3. 盘扣

盘扣是中国结的一种。中国古代的衣服是比较宽松的，但也需要具备一定的保暖和实用功能，因而就要靠衣带和盘扣来系牢。在进一步发展的过程中，盘扣不仅起到连接的作用，而且具备了更多的美化装饰功能（如图 14 – 3、图 14 – 4）。不只女装有盘扣，男装也有。盘扣的花式种类丰富，有模仿动植物的菊花盘扣、梅花扣、金鱼扣等；有盘成文字的吉字扣、寿字扣、囍字扣等；也有几何图形的，如一字扣、波形扣、三角形扣等。盘花分成两边，有对称的，也有不对称的。还有一些服装设计出了非常现代的、具有很强装饰感的盘扣（如图 14 – 5、图 14 – 6）。

盘扣最基本的是打一个纽扣结，当作扣子的部分，将纽扣结放入环形的扣眼，就起到了固定的作用。还有一些其他的造型，都是在这个基础上演变而来的。

图 14 – 3　盘扣 1

图 14 – 4　盘扣 2

图 14 – 5　盘扣 3

图 14 – 6　盘扣 4

也有一些现代的中国风服饰，将盘扣的造型加上了现代的设计思路，于是有了更多视觉夸张的运用。这些盘扣在服饰中起到了画龙点睛的作用。

4. 结与玉

古人有佩玉的习惯，玉标志着一个人的身份地位、道德修养、品格情操。佩玉必然要借助绳带，也就要打结。除了起到佩戴、固定的作用外，绳结也可以起陪衬和装饰的作用。中国四大名著之一《红楼梦》第三十五回就写到贾宝玉给佩戴的玉打络子（清代把中国结称为络子），其中提到，除了玉之外，人们束腰的汗巾子（贴身的腰带），日常用的扇坠、香包，身上戴的各种配饰，往往都会打一个络子做陪衬，显得美观大方（如图 14 – 7 至图 14 – 9）。

图 14 – 7　挂饰

图 14 – 8　玉佩项链

图 14 – 9　玉坠

5. 结与标志

　　中国结形态优美，寓意吉祥，现代的一些标志也借鉴了中国结的形式。其中最出名的是中国北京申办 2008 年奥运会的标志——互相连接的圆形组成了一个中国结样式。另外一个广为人知的就是中国联通的标志。这是两个深受业界和普通百姓好评的标志，在一定程度上代表了中国特色和大众喜好，也说明了中国结在现代审美中也是很受欢迎的。

6. 节日中的中国结

作为传统文化的一部分，中国结常常出现在中国传统的节日装饰中，例如春节、七夕节、端午节，其中以端午节最为有趣。中国古代民间认为，农历五月初五是毒日，是蝎子、蜈蚣、蛇、蜘蛛、蟾蜍"五毒"出没的时候，所以要用各种方法来驱邪避害。每年的农历五月初五端午节，民间流行划龙舟，家家户户挂起艾草，吃粽子，饮雄黄酒，同时还戴上用红、黄、蓝、白、黑五种颜色的丝线编成的"五彩绳"，或者戴上用五彩绳编的小粽子等形状的香包，目的是避灾除病，祈求安康。

图 14 - 10　端午节粽子形挂饰

图 14 - 11　香囊

　　五彩绳的五种颜色从阴阳五行学说上讲，分别代表金、火、水、土、木，同时，分别象征东、西、南、北、中，蕴含着五方神力，可以驱邪避瘟、祛病强身，使人健康长寿，表达了人们辟邪除灾、迎祥纳福的美好愿望。

图 14 - 12　端午节五彩绳（现代款）

7. 人们经常佩戴的中国结

　　除了在节日或者喜庆的场合见到的大型中国结之外，现在人们在生活中也会佩戴一些中国结的饰品，如项链、手链等。项链大部分是配合坠子佩戴的，根据坠子的颜色、形状，编成适合的造型。手链也会穿一些珠子或者金饰，更具有美感。而年轻人更喜欢一些设计简洁、配色现代的中国结饰品，戴上之后显得既有情调，又避免了古老的感觉，同时也容易和服装搭配。也有一些模仿中国结造型的金属或其他材质的饰品，也很受欢迎。随着时代和审美的变化，这种古老的结艺也发展变化为人们更喜欢的样子（如图 14 - 13 至图 14 - 17）。

图 14 - 13　银饰手绳

图 14 - 14　双色纽扣结手绳

图 14 - 15　纽扣结耳坠

图 14 - 16　双色金刚结手绳

图 14 - 17　木珠手绳

【实践·试一试】

一、金刚结

金刚结源自佛教，代表平安吉祥，经常用来编手绳、项链，优点是结实耐用。

1. 所需材料

5 号线（学习时方便掌握，熟悉以后，可以选择喜欢的线）、剪刀。

2. 基本步骤

（1）准备两根线，平行放在食指上，用拇指轻轻按着，如图 14 - 18。

（2）将下方的红线从前面绕过蓝线，放在蓝线后面，形成一个圈，如图 14 - 19。

（3）将蓝线从后面绕过食指，拉到前面，如图 14 - 20。

（4）将蓝线穿过红线形成的圈，如图 14 - 21。

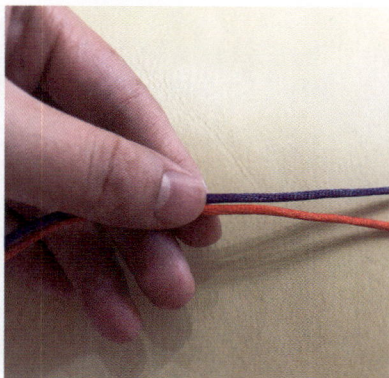

图 14 - 18

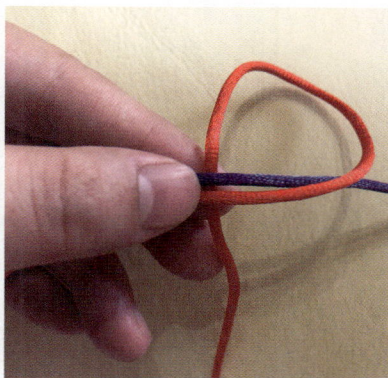

图 14 - 19

图 14 - 20

图 14 - 21

（5）蓝线穿过红线形成的圈之后轻拉，然后放在食指上，用拇指压住，如图 14－22。

（6）轻拉红线，如图 14－23。

图 14－22

图 14－23

（7）将红线拉紧（此时蓝线还套在食指上），如图 14－24。

（8）手向里转，把食指翻上来，如图 14－25。

图 14－24

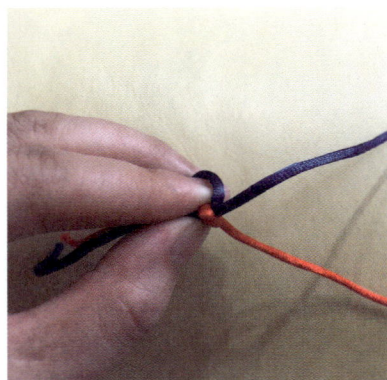

图 14－25

（9）这时可以看见套在食指上的蓝线圈，如图 14 – 26。

（10）将食指从线圈中拿出，把左手捏着的线换到右手上，然后再用左手拇指向上捏着线，注意这个过程中，线不要弄乱，如图 14 – 27。

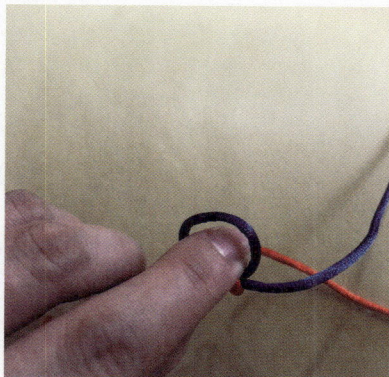

图 14 – 26

图 14 – 27

（11）将红线从后面绕食指一圈，拉到前面，如图 14 – 28。

（12）将红线穿过蓝色线圈，如图 14 – 29。

图 14 – 28

图 14 – 29

（13）将红线拉紧，放在食指上，用拇指捏住，如图 14 – 30。

（14）再拉动蓝线，如图 14 – 31。

图 14 – 30

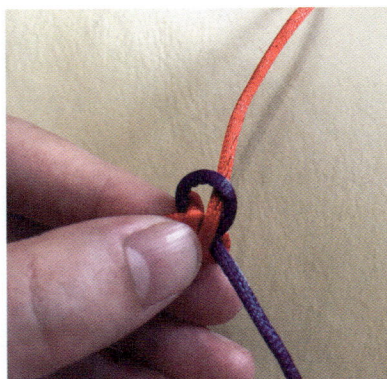

图 14 – 31

（15）将蓝线拉紧，如图 14 – 32。

（16）再将手向里转动，把食指翻上来，这时可以看见套在食指上的红色线圈，如图 14 – 33。

图 14 – 32

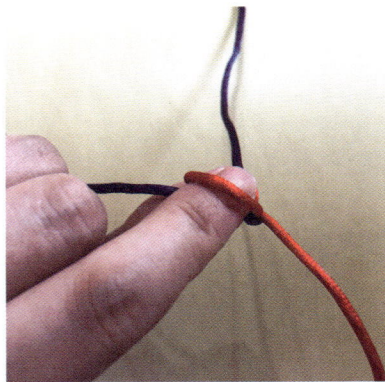

图 14 – 33

（17）将线圈从食指上拿下来，线不动，用左手拇指朝上再次捏住线圈，如图 14－34。

（18）将蓝线向后绕食指一圈，拉到前面，如图 14－35。

图 14－34

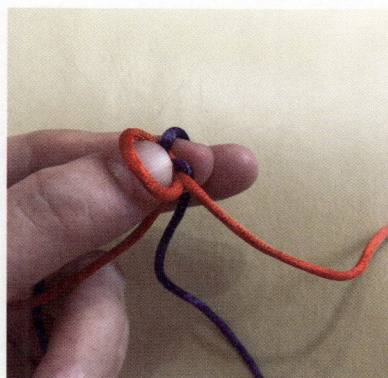

图 14－35

（19）将蓝线穿过红色线圈，如图 14－36。

（20）将蓝线轻轻拉紧，放在食指上，如图 14－37。

图 14－36

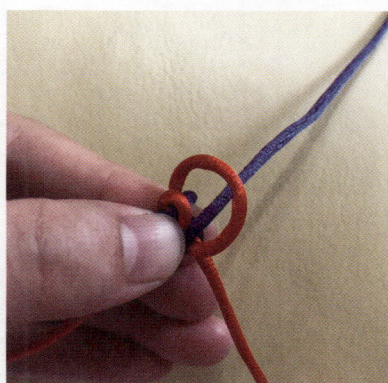

图 14－37

（21）将红色线圈拉紧，如图 14 – 38。

（22）再将手向里转，把套在食指上的线圈向上，将线圈从食指上拿下来，如图 14 – 39。

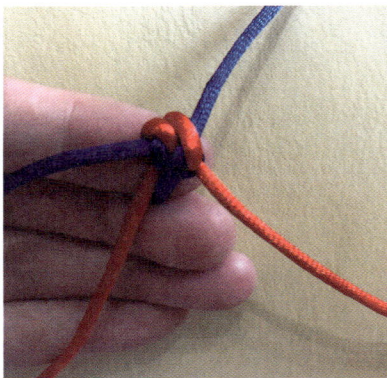

图 14 – 38

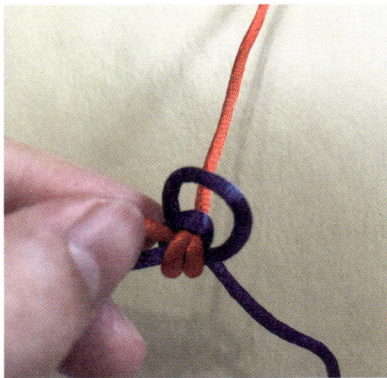

图 14 – 39

（23）继续将红线绕食指一圈，穿过蓝色线圈，再拉紧蓝色线圈，循环以上的步骤，几次后就形成了图 14 – 40。

（24）如果已经编够了需要的长度，将两根线都拉紧就可以了，如图 14 – 41。金刚结很结实，不会散开。

图 14 – 40

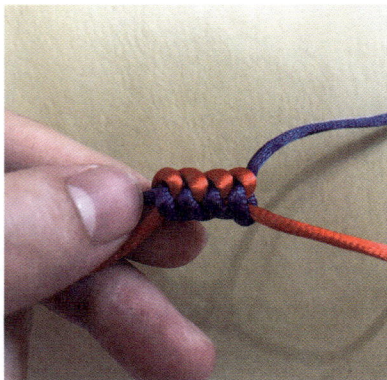

图 14 – 41

二、纽扣结

纽扣结是一种古老的中国结，经常当作纽扣用，又叫疙瘩结。纽扣结形如钻石，又称钻石结，也是很漂亮的装饰结。纽扣结在很多手绳中作收尾用，非常实用。

1. 所需材料

5号线（学习时方便掌握，熟悉以后，可以选择喜欢的线）、剪刀。

2. 基本步骤

（1）将线放在左手上，用食指和拇指捏住，如图14 – 42。

（2）将线的右端拧一个圈，放在左手食指上，用拇指捏住，如图14 – 43。

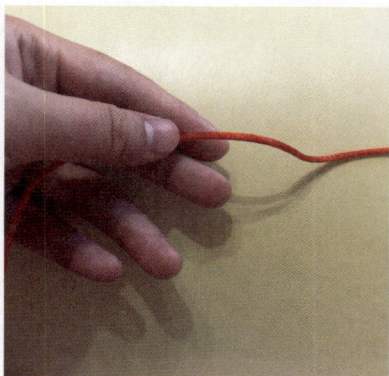

图14 – 42

图14 – 43

（3）再拧一个圈，交叉放在第一个圈上面，捏住，如图14 – 44。

（4）把线的右端从最右边的圈穿下去，如图14 – 45。

图14 – 44

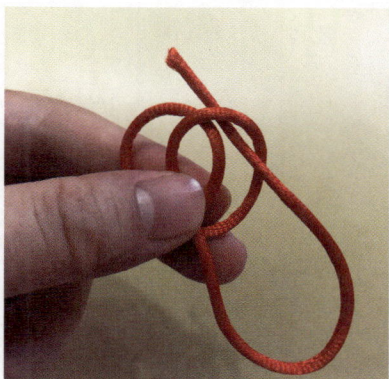

图14 – 45

（5）再从中间的圈穿上来，如图 14 - 46。

（6）再将线从最左边的圈穿下去，如图 14 - 47。

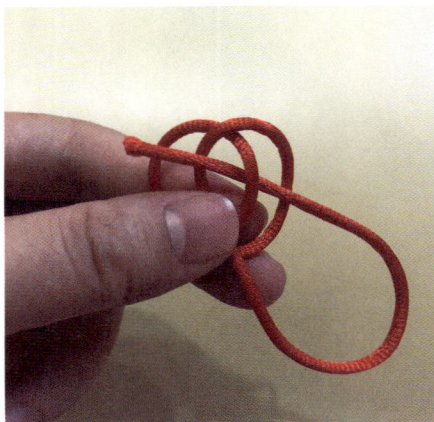

图 14 - 46

图 14 - 47

（7）将线向左边拉动，最右边又形成一个新的圈，将线从最右边的圈穿下去，如图 14 - 48。

（8）再从最中间形成的圈中穿上来，如图 14 - 49。

图 14 - 48

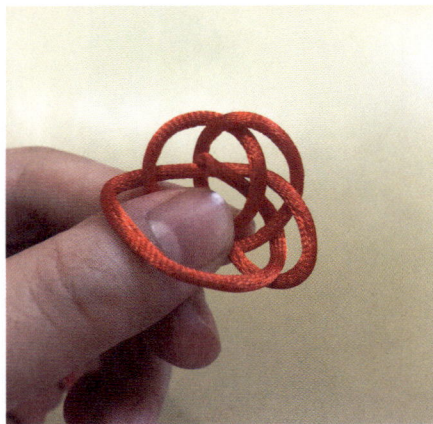

图 14 - 49

（9）这时将线头朝上拉动，注意不要散开，如图 14 - 50。

（10）编完之后，还需要整理，把线团放在拇指和食指之间，轻轻捏动的同时，拉动两边线头，让线团缩小，如图 14 - 51。注意动作要轻柔，用力要均匀，要有耐心。

图 14 - 50

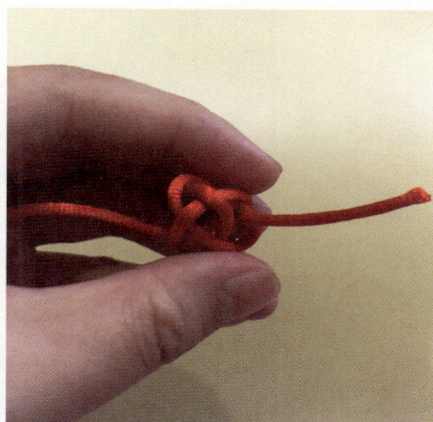

图 14 - 51

（11）将线段长度调整均匀，缩紧成圆形的纽扣结，如图 14 - 52。

图 14 - 52

【在西安·看一看】

西安城隍庙

在西安市中心，有一座清代风格的坛庙建筑——西安城隍庙，它是中国三大都城隍庙之一，与北京、南京城隍庙齐名，位于西安市西大街大学习巷东侧。城隍庙里有很多手工艺的材料，如珠子、绳子，还有传统的小玩意儿，可以在这里采购实践用的5号线。如果您恰好在钟楼附近，可以去那里逛逛，很有老西安的特色。

【在西安·读一读】

如果您想要了解中国结的文化，推荐您看徐雯编著的《中国结》，该书中有更多中国结的故事，也会教您一些中国结的编法，可以尝试一下。

第十五章

剪　纸

剪纸在中国是一种常见的民间工艺形式。和很多艺术形式不同，它更多地出现在普通人的生活中，悄悄地装点着人们的生活。剪纸的内容从花鸟鱼虫到飞禽走兽，还有文字，甚至有想象中的事物，剪纸创造了一个丰富多彩的世界。

1. 剪纸不用纸

剪纸，是指用剪刀把纸剪成想要的形状。那么，在纸被发明出来之前，有没有类似剪纸的形式呢？

相传在春秋时期的晋国，晋献公为了炫耀自己的功绩，在他大婚之时，命能工巧匠用金箔剪成十种果子的纹样，代表了向晋国纳贡的十个诸侯国。他让皇后姜氏将这些金箔制成的纹样用丝线缀在婚礼穿的鞋上。穿上这鞋，皇后显得光彩照人、雍容华贵。后来，民间女子出嫁时，都在红绣鞋上用金色丝线绣上十种果子纹样，称为"十果鞋""金十果"。

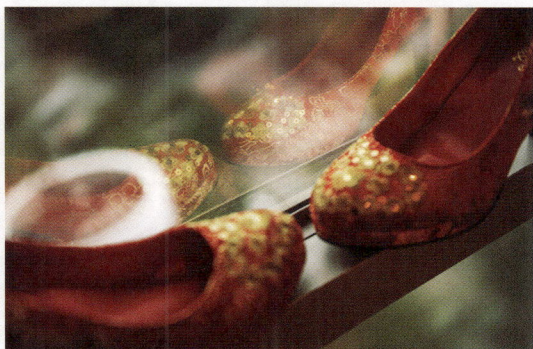

图 15－1　现代婚鞋

《吕氏春秋》中记载着一个"桐叶封弟"的故事。故事发生在周代，叔虞是周成王的同胞弟弟。一天叔虞与周成王玩耍，周成王把一片桐叶剪成一个似玉圭的玩具，对叔虞说："我将拿着玉圭封赐你。"后来周成王果然言出必行，把"唐"（唐在黄河、汾河的东边，方圆一百里）作为封地封赐给叔虞。

所以在纸被发明出来以前，剪纸的形式就已经存在了，只是用了金箔、银箔、铜箔、缣帛（丝织品）、毛毡、皮革、树叶、树皮等薄片剪刻成形状，虽说在制作上可能不如纸张容易，在形式上却也十分丰富。

2. 剪纸颜色

剪纸最常用红色，红色象征着吉祥、喜庆。凡是庆贺节日、婚嫁、生日、乔迁、开业等都用大红色剪纸。黄色是尊贵的颜色，一般古代帝王、老寿星、高僧多用黄色。祛灾避邪、镇妖降魔的仙佛图案也用黄色。金色一般用在仙佛图案中。

除了单色剪纸外，也会用到其他颜色剪纸，如拼色和染色（染色剪纸效果和皮影比较接近）（如图15-2至图15-5）。但总体来说，剪纸的用色有着非常强烈的民间特点，鲜艳、活泼，充满了生机。关于拼贴剪纸的配色，在陕北农村有这样的口诀："红见紫，直爱死；黄见紫，恶心死；红见蓝，狗都嫌；红显大，绿丑差，不如两个黑老鸦。"表现出朴素的色彩喜好。白色、紫色一般用在办丧事的场合。

图15-2　单色剪纸（红）

图 15 - 3　单色剪纸（金）

图 15 - 4　拼色剪纸

图 15 - 5　皮影

3. 剪纸材料

一般情况下，剪纸对纸的要求不高。常用的纸有几种：单面大红纸、蜡光纸、宣纸。单面大红纸是经常用来写对联的纸，最常见也最便宜，颜色饱满鲜艳，容易折叠也容易剪裁，经常用来剪各种窗花、挂笺等。蜡光纸表面有蜡的光泽，不容易吸水，比较薄、脆，容易折叠，但在拓画花样时容易滑动。宣纸韧性好，较软、薄，不挺立，对于新手来说有一定难度。但它的纸质寿命长，不易变形，方便装裱，采用刻纸手法时不易损伤刻刀，因而是很多职业剪纸艺人经常选择的种类。宣纸也是点染剪纸经常采用的纸张。

4. 剪纸工具

剪纸的主要工具是剪刀和刻刀。

剪刀是最方便的，但需要注意的是，剪纸用的剪刀和一般的剪刀有所区别（如图15 –6）。现在为了安全起见，大多将剪刀尖部设计成了方形或圆形，这样的剪刀不适合剪镂空的形状。因为镂空的地方经常要先用剪刀尖部穿一个洞，然后将剪刀的一边伸进去剪。所以在选择剪刀的时候要看剪刀头部是否尖。一般配备两把剪刀比较方便，大的剪刀更适合剪长而直的线条，效率更高，但缺点是不够灵活；小的剪刀适合剪面积小的镂刻部分，配合使用更得心应手。

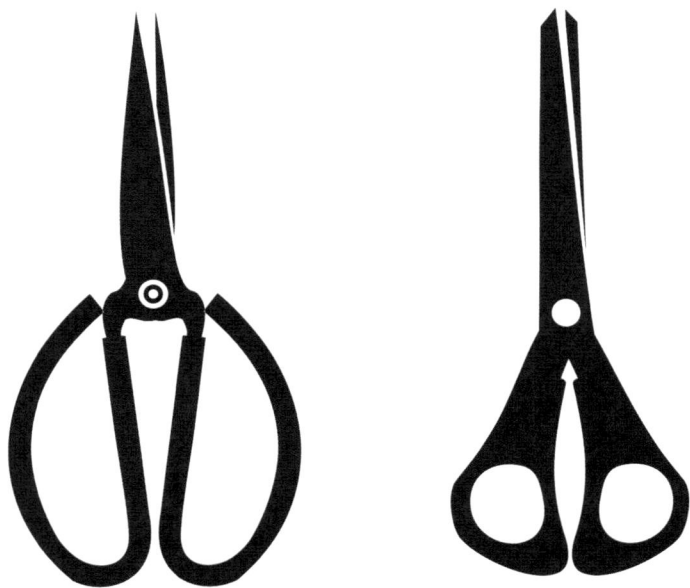

图 15 – 6　两种不同的剪刀

刻刀处理镂空的形状和细节更方便一些。但刻刀需要在桌面上操作，下面要垫裁切垫防止损坏桌面，不像剪刀在任何场所都能操作。刻刀像一支笔一样，笔头可以替换不同形状的小刀片，方便刻不同的形状（如图15 –7）。

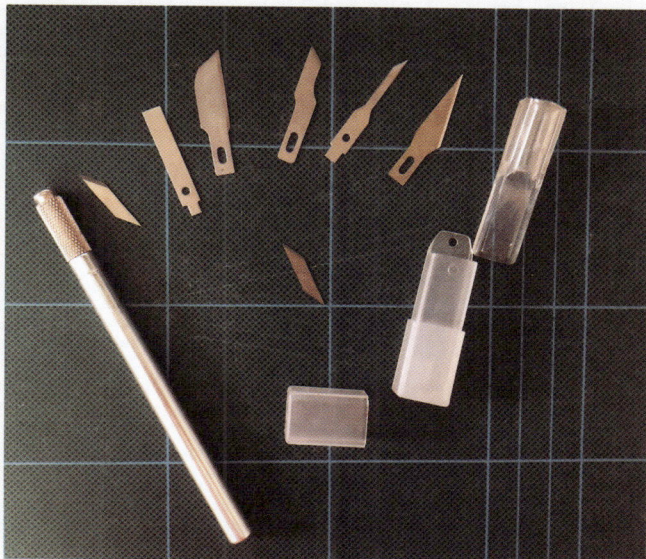

图 15 – 7 刻刀、裁切垫

也有用手代替工具，直接用撕的方法完成作品的（如图 15 – 8）。这样的方法能制作出质朴、粗犷的作品，也更适合小孩子，这样他们就不会被剪刀弄伤了。

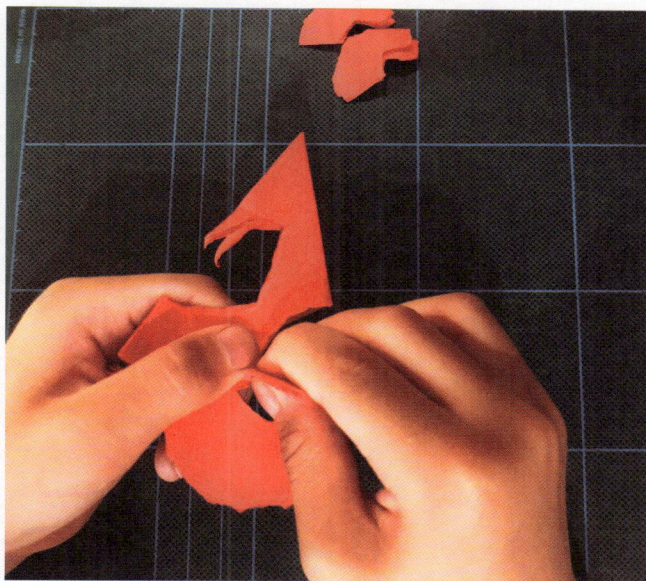

图 15 – 8 撕纸法

5. 喜花

贴喜花是指民间在结婚时贴剪纸的习俗,即在结婚的时候用剪纸装点各种器物用具和做室内装饰,也将剪纸衬在茶具、肥皂盒、面盆、喜饽饽等日用品和食品上,贴在梳妆镜上。喜花在办喜事时是必贴的,就连帝王也不例外。北京故宫的坤宁宫是清代皇帝的洞房,宫中的墙壁和顶棚上,就贴着满族风格的龙凤喜花纹样。最常见的是贴喜字,在喜字周围也会有一些花鸟图案,贴在门窗上、墙上等。喜花经常采用大红色的纸,营造出一种喜气洋洋的欢乐氛围,寄托了人们对美满生活的向往和对新人的祝福。

图 15 - 9　双喜

最常见的是两个喜字连在一起,叫"双喜",寓意双喜临门的意思(如图 15 - 9、图 15 - 10)。相传"双喜"的由来,还有一个颇具传奇色彩的故事。王安石 23 岁那年赴京赶考,路过马家镇,见一个大户人家灯上写着"走马灯,灯走马,灯熄马停步"的半副对子,在等人对出下联。第二天,王安石进了考场,交卷后,主考官见他聪明机敏,便传来面试,指着厅前的飞虎旗曰:"飞虎旗,旗飞虎,旗卷虎藏身。"王安石脑中立刻浮现出马员外家走马灯上的那半副对子,不假思索地答道:"走马灯,灯走马,灯熄马停步。"主考官赞叹不已。考试结束,回到马家镇,王安石再次移花接木,对上了走马灯上的对子:"飞虎旗,旗飞虎,旗卷虎藏身。"员外见他对得既巧妙又工整,马上把女儿许给他。原来,那走马灯上的对子上联,是为马家小姐选婿而出的。结婚那天,正当新郎新娘拜天地时,有人来报:"王大人金榜题名!"真是喜上加喜,王安石在红纸上写了一个大"囍"字,让人贴在门上。从此之后,在庆祝喜事的时候,人们就贴上"双喜",表达对美好事物的企盼。

图 15 - 10　龙凤双喜窗花

6. 窗花

窗花是贴在窗户上的剪纸，是数量最多的一种剪纸，因而人们也经常见到。窗花有很多种不同的形状，常见的有方形、圆形、菱形等，内容也很丰富。每到春节，家家户户都要换一次窗花，给人以清新开朗、辞旧迎新的感觉。窗花一般都是春、福、平安、吉祥等主题（如图 15 - 11、图 15 - 12），也经常会贴生肖①主题的窗花，比如鸡年，就贴鸡主题的窗花（如图 15 - 13）。

图 15 - 11　春节窗花

---

① 生肖，又称十二生肖、属相，是中国古代民间盛传至今的著名传统文化，与十二地支相配以人出生年份的十二种动物，分别是：鼠、牛、虎、兔、龙、蛇、马、羊、猴、鸡、狗、猪。

图 15 – 12　福字窗花

图 15 – 13　生肖窗花

7. 抓髻娃娃

　　陕北民歌中唱道："抓髻不咪咪，婆家不引来。"是说女孩子抓髻绾起这么长时间了，婆家怎么还不来娶我呢？这里的风俗是女孩子扎起抓髻，就到了成婚年龄。剪纸中的抓髻娃娃形象一般头梳双髻或双辫，头立双鸟或双鸡，头戴花冠，双手张开或上举，手抓双鸟或双鸡（如图 15 – 14）。有的一手抓鸡，一手抓兔；有的一手抓鱼，一手抓莲；有的一手抓鸟，一手抓蝎。

图 15 – 14　抓髻娃娃①

8. 门笺

门笺是中国传统的春节门楣吉祥饰物，一般用红纸或彩纸剪刻而成，呈长方形，镂空的背饰有方孔钱纹、万字纹、水波纹等，上面有吉祥语，中间有吉祥图案或福、禄、寿、喜等字，下有多种多样的穗，人们在除夕或元旦将门笺贴挂在门楣上，作为新年的装饰（如图 15 – 15）。自古以来，贴门笺这种传统民风民俗十分盛行，成为新春佳节一道亮丽的风景线，其用意是祝吉纳福。

图 15 – 15　门笺

①　由徐臣娥等人剪制，并授权使用。

9. 扫晴娘

　　扫晴娘是中国民间祈祷雨止天晴时挂在屋檐下的剪纸妇人像。扫晴娘手拿两把笤帚，常用红纸或绿纸剪成（如图 15－16）。而陕西汉中一带的扫晴娘左手拿着包灶灰，叫扫晴娘为扫天婆。挂扫晴娘时通常口中还要念着："扫天婆，上了天，扫去乌云，撒灰去，湿天快变干。"

图 15－16　扫晴娘

10. 剪花娘子的故事

　　在中国的北方，有这样一种说法，每 10 000 人中，能够出一名巧女子。在陕西旬邑乡有这样一位世界级的剪纸大师，她就是自称"剪花娘子"的库淑兰（1920—2004）。她从六岁开始随母亲学剪纸，在贫困苦难的生活中，边吟唱歌谣边剪纸是她的快乐源泉。1985 年的一天，她不慎失足，掉在十几米深的崖下昏了过去，昏迷了几天几夜，家人以为她救不回来了，没有想到有一天她突然醒来，精神矍铄，口称自己就是"剪花娘子"。从那以后，库淑兰的剪纸有如神助，一改过去的风格，用光、用色精彩绝伦，剪花娘子的造型也屡屡出现在她的纹样中。

　　她的剪纸色彩缤纷，充满了天真的幻想，剪花娘子、生命树、仿佛在仙界的花鸟，给人呈现一个美好的理想世界。这个世界是她一直向往的，令人唏嘘感叹。她生前有一个愿望，就是让她的作品永久展出。如今这个愿望得以成真，在旬邑县文化宣传中心二层，建立了库淑兰剪纸纪念馆，展出着这位世界级剪纸大师的生平和作品。

11. 陕西剪纸

陕西是中国最盛行剪纸的省份之一，其风格原始、淳朴。在过去陕西的农村，女子们还没有条件上学的时候，会剪纸就被当作聪明灵巧的象征。陕北流传着一首民歌《嫁女歌》，唱道："生女子，要巧的，石榴牡丹冒铰的。"意思是说，应当生一个手巧的女孩，随便可以剪出石榴、牡丹花的样子。

剪纸高手李竹兰小的时候，她的母亲教她剪花。母亲对她说："学剪花不难，你先到院里看鸡长啥样子，牛是啥样子，牛角在啥地方长着，然后把这些样子剪出来。大样子会剪了，我再教你往好里剪。"剪纸和绘画一样，最初的造型也来源于生活。

图 15－17　陕西剪纸①

---

① 由徐臣娥等人剪制，并授权使用。

12. 染色剪纸

染色剪纸是用白色的宣纸剪成的，剪完之后再用品红、品绿等色进行点染。染色时，要加入一些酒精或者白酒，这样可以增强渗透性，每次能染二三十张纸。

【实践·试一试】

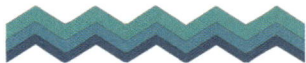

剪喜字①

一、所需材料

一把剪刀、一张红色纸、一支铅笔。

二、基本步骤

（1）将红色的纸沿着中心线对折一下，如图 15 – 18，然后再对折一次，如图 15 – 19，这次折完以后，红纸变成了四折，形状是长方形。

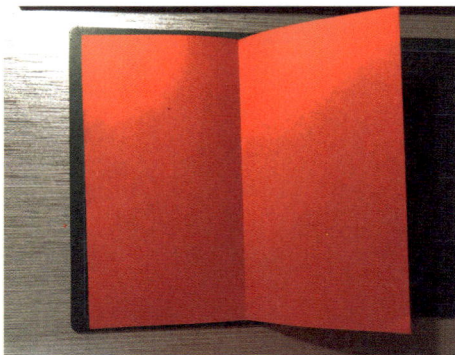

图 15 – 18　对折

---

① 此方法参照白庚胜、于法鸣主编：《中国民间剪纸技法》，北京：中国劳动社会保障出版社，2009 年，第 62 页。

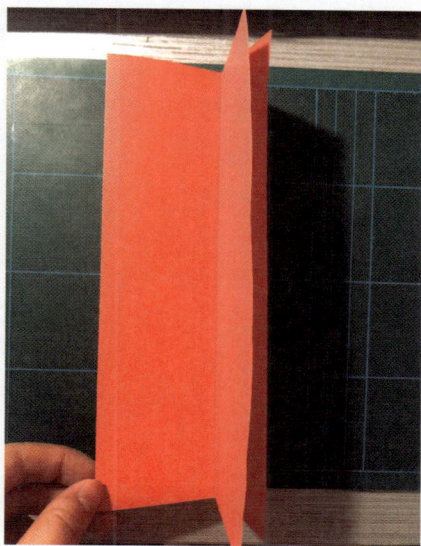

图 15－19　再对折

（2）按照图片中的样子画上图案，注意画的时候不要将图案位置画错，注意比例关系，画好之后，剪掉画叉的部分，如图 15－20。

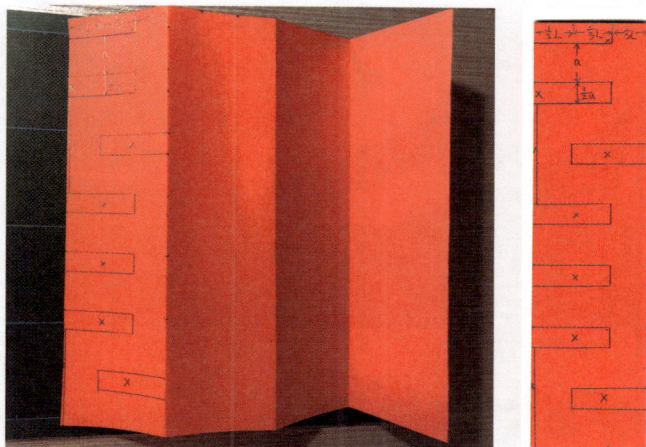

图 15－20　画纸样，剪喜字

（3）剪完以后，将纸展开，放在桌面上铺平，我们看到，一个红双喜就这样完成了，如图 15－21，如果您想剪出有变化的喜字，可以在"口"部的位置加一些自己的创意，动起来，自己用心剪出您喜欢的喜字吧！

图 15－21　展开的喜字

【在西安·看一看】

旬邑县文化宣传中心

若您对剪纸有兴趣的话，可以前往陕西省咸阳市旬邑县文化宣传中心，看看库淑兰这位被联合国教科文组织授予"民间工艺美术大师"称号的剪纸大师的剪纸世界，纪念馆建筑面积400平方米，馆藏作品1 630种，作品6 000余件。从西安出发，大概需要两小时车程。

【在西安·读一读】

如果您还想了解更多剪纸大师及更多关于剪纸的故事，可以看看茅翊编著的《剪纸》和张静娟、李友友编著的《剪纸》。这两本书介绍了更多剪纸的种类、历史以及中国不同地方的剪纸风格。如果您想动手剪更多的花样，可以看看白庚胜、于法鸣主编的《中国民间剪纸技法》，书里有很多不同花型的剪法可以学习。

第十六章
马勺脸谱

中国面具种类极其丰富，全国各地有成百上千的各种民间乐舞、民俗面具种类。这些面具形态各异，代表的角色不同，功能也不尽相同。

在面具上绘制的脸谱主要分为戏剧脸谱和社火脸谱两大类。陕西的马勺脸谱就属于社火脸谱。社火脸谱过去在中国很多地方都有流传，现在只有西北地区的少数城乡还有保存传承，其中形式和样式最丰富的要数陕西宝鸡、陇县地区（如图16－1）。著名的马勺社火脸谱传承人有罗保平、李继友等人。李继友经过自己多年的研究，巧妙地将社火脸谱移植到民间流传的辟邪马勺上，形成了一种新的民间艺术形式——社火马勺脸谱，让原本在社火中使用的脸谱面具转换成了具有纯粹装饰性的民间艺术品。

图16－1 社火脸谱粉本庞涓（李继友作）

　　社火是中国一种古老的民间艺术形式，至今还在中国的西北地区十分流行。社火是在祭祀或节日里迎神赛会上表演的各种杂戏、杂耍的总称。它一般集中在每年农历正月初一至十五举行，社火的种类多样，内容丰富，包括地社火、马社火、车社火、芯子社火等十几种类型。陕西地区的社火具有自己独特的艺术特色，融合了黄土高原的文化和西北地区古老的秦腔艺术，类型更加多样。社火脸谱是社火这种综合性民间表演艺术中最具有个性特征的艺术符号（如图 16 − 2）。

图 16 − 2　社火马勺脸谱

　　陕西地区社火表演的故事内容涵盖非常广泛，神话传说、历史故事、民间传说无所不包，这也使得社火脸谱的图案形式十分丰富，上至传说中的三皇五帝，下至民间故事、历史演义中的人物。如有战胜了蚩尤，取代炎帝，统一了华夏民族，被称为中华民族共同祖先的轩辕黄帝，有为人类发明了击石取火的祝融，也有历史演义小说《封神演义》《隋唐演义》中的闻太师、宇文成都等人物形象。

　　陕西地区关于脸谱的民间传说寄托着普通老百姓借脸谱图案辟邪保平安的美好愿望。传说周武王率兵讨伐昏庸的商纣王时，被商将领闻太师挡住去路。姜子牙为了击溃商军，想出一个计谋。他命令每位士兵都戴上画有脸谱的面具，到敌方阵地前去骂阵。这些头戴面具的士兵站在那里，一个个凶神恶煞的样子，好像是一群天兵天将下凡，闻太师的士兵十分害怕，以为周武王的军队有天神相助，和他们作战就是违背天意，便四散逃跑了。这个传说一直流传下来，便演变成画脸谱逐鬼的习俗，并逐渐融入民间祭祀的社火表演之中。西北地区尤其是陕西的关中地区、陕南地区，都流行通过悬挂绘制有彩色图形的马勺来镇宅辟邪。凡家中遇到不顺心的事，诸如人丁不旺、意外灾难发生，就请社火艺人在平日的舀水木马勺上画一图形，挂在门框上或房廊下，祈求可以镇宅辟邪。人们采取这种方式，把希望寄托在这么一把木马勺上，有时可能会起到一定的精神安慰作用，这与中国民间的其他民俗如春节贴春联、端午节插艾蒿、悬挂钟馗像等有着同样的道理。

图 16 – 3　梭子型脸谱

马勺是西北地区最常见的日常工具，原本是用来舀水或喂马等牲畜的器具。一般情况下，舀水的马勺是圆形的，而长形的马勺常常被用来为马、牛等大牲畜添加饲料。陕西省关中地区与陕南地区历史上曾经流行过用悬挂绘有彩色图形的木马勺来镇宅辟邪。所以说，陕西的马勺社火脸谱，与其他民间艺术——剪纸、刺绣、石雕等一样，不仅是一种民间绘画图像，还承载着陕西乃至西北地区自周秦汉唐以来辉煌的民俗文化，也寄托着西北地区的人们对美好生活的期望。当今的社火马勺脸谱，出自民间贫苦资深艺人之手，他们以深厚扎实的画工，配以多层次的图案，凸显大红大绿的鲜艳色彩特征。马勺脸谱的装饰图案，从某一层面也继承了五六千年前原始彩陶上的纹样。

陕西马勺脸谱经过世代的发展演变，在绘画方法、步骤、配色、构图以及脸谱象征含义等方面，都已经形成了一定的格式，有自己相对完整的体系。陕西马勺脸谱以人物的容貌和性格特征为标准，采用日月纹、火纹、旋涡纹、蛙纹等纹饰的不同组合表现人物的性格。通过色彩来辨识人物的忠、奸、善、恶，红色象征忠诚，白色象征奸诈，黑色象征正面、正直，黄色象征残暴，蓝色象征草莽出身，绿色象征侠义，金银色一般用来表现传说中的神妖形象。陕西马勺脸谱绘制时的用色口诀是"红色忠勇白为奸，黑为刚直青勇敢；黄色猛烈草莽蓝，绿色侠野粉老年；金银二色色泽亮，专画妖魔鬼神判"①。

陕西马勺脸谱的制作工序与全国其他地方的面具制作流程大致相同，主要分为四个步骤（如图 16-4）。

图 16-4　马勺脸谱制作步骤

第一，取材。陕西马勺主要以当地常见的桃木、柳木等为材料。桃木、柳木在西北地区的民间风俗中被认为有驱邪避灾的功用，不仅成本低廉，方便取材，材质也细腻，制成马勺后不容易开裂，容易打磨光滑。取来的材料经过通风阴干后，截取成需要的长度并对半刨开，剥去树皮，制成马勺的形状。

第二，打磨、涂底色。用粗细不同的砂纸将制成的马勺表面打磨光滑，以便后面

① 王海霞主编：《面具脸谱》，武汉：湖北美术出版社，2013 年，第 101 页。

涂底色并深入绘制脸谱图案。根据所要绘制的脸谱图形及配色口诀，为打磨光滑的马勺均匀地涂上薄厚适当的底色。

第三，彩绘脸谱。等刷好的底色彻底干透后，根据脸谱图案一步一步地彩绘脸谱。要注意的是，必须等到第一层色彩彻底干透之后才能涂画第二层颜色。

第四，上漆、配挂饰。待彩绘完成，色彩阴干后，还需要喷一遍清漆，用来保护脸谱色彩，使其色泽光亮。最后再为马勺穿上红色穗子进行装饰，也便于挂在墙上或门框上。

陕西马勺脸谱与其他民间面具脸谱一样，民间艺人都有成套的脸谱图案稿子参考，这些样稿就是粉本。它不仅是民间画匠参考的图案资料，还承担着社火脸谱艺术的传承功能，也为我们今天欣赏、研究社火脸谱提供了重要的实物依据。

【实践·试一试】

尝试画一件马勺脸谱。

一、所需材料

（1）成型的纸质马勺。
（2）脸谱图样。
（3）铅笔、毛笔、墨汁、丙烯颜料。

二、临摹步骤参考图 16-4

【在西安·看一看】

关中民俗艺术博物院

如果您在西安，还想更深入地了解陕西马勺脸谱艺术或其他陕西面具艺术，您可以到坐落于终南山脚下的关中民俗艺术博物院参观。关中民俗艺术博物院已收集、抢救和保护周、秦、汉、唐以来的历代石雕、木雕、砖雕以及关中古民居和群众生产、生活、习俗、风情等各类文物、名人字画共 33 600 余件（套），征集保护了 40 院近千间明清古民居，收集整理了大批地方戏曲、工艺作坊、礼仪俗规等非物质文化遗产，形成了民间艺术、关中民居、民俗风情、名人字画四大系列共九个类别的藏品规模。这些藏品从不同层面集中地反映了关中地区各族人民在不同历史时期的艺术、审美、劳动、居住、习俗、风情等民俗历史风貌。

参考文献

［1］李明珂、黄胜主编：《现代陶艺创作》，北京：中国民族摄影艺术出版社，2012 年。

［2］吴山编：《中国历代装饰纹样·第一册》，北京：人民美术出版社，1988 年。

［3］蒋书庆编著：《彩陶艺术简史》，上海：上海人民美术出版社，2007 年。

［4］蒋勋：《写给大家的中国美术史》，北京：生活·读书·新知三联书店，2015 年。

［5］葛兆光：《宅兹中国：重建有关"中国"的历史论述》，北京：中华书局，2011 年。

［6］梅琪编著：《古铜器》，合肥：黄山书社，2016 年。

［7］张耀：《商周青铜器与青铜器雕塑艺术》，北京：中国书籍出版社，2013 年。

［8］高蒙河编著：《铜器与中国文化》，上海：汉语大词典出版社，2003 年。

［9］李飞编：《中国古代青铜器纹饰图典》，杭州：浙江古籍出版社，2008 年。

［10］陕西省文物局、秦始皇帝陵博物院编：《烈烈秦风：中国秦始皇兵马俑文物展》，西安：西北大学出版社，2017 年。

［11］戚嘉富编著：《秦陵与兵马俑》，合肥：黄山书社，2014 年。

［12］王志杰：《茂陵与霍去病墓石雕》，西安：三秦出版社，2005 年。

［13］敦煌研究院主编：《敦煌石窟全集·第 26 卷·交通画卷》，上海：上海人民出版社，2001 年。

［14］史忠平：《莫高窟唐代观音画像研究》，北京：中国社会科学出版社，2016 年。

［15］郭子睿：《从敦煌图像看唐代观音信仰的成熟》，《西部学刊》2017 年第 8 期。

［16］李海波：《唐代文殊信仰兴盛的政治背景》，《西北大学学报（哲学社会科学版）》2004 年第 1 期。

[17] 杜正乾：《唐代的〈金刚经〉信仰》，《敦煌研究》2004 年第 5 期。

[18] 董大学：《论唐代〈金刚经〉信仰的仪式化倾向——以敦煌文献为中心的考察》，《华东师范大学学报（哲学社会科学版）》2017 年第 1 期。

[19] 华人德：《中国书法史·两汉卷》，南京：江苏教育出版社，1999 年。

[20] 朱关田：《中国书法史·隋唐五代卷》，南京：江苏教育出版社，1999 年。

[21] 刘正成、朱关田主编：《中国书法全集·第 25 卷·隋唐五代编·颜真卿卷一》，北京：荣宝斋出版社，1993 年。

[22] 刘正成、吴鸿清主编：《中国书法全集·第 27 卷·隋唐五代编·柳公权卷》，北京：荣宝斋出版社，1993 年。

[23] 王镛主编：《中国书法简史》，北京：高等教育出版社，2004 年。

[24] 刘正成、沃兴华主编：《中国书法全集·第 5 卷·秦汉编·秦汉简牍帛书卷一（附汉代名家）》，北京：荣宝斋出版社，1997 年。

[25] ［英］迈珂·苏立文著，洪再新译：《山川悠远：中国山水画艺术》，上海：上海书画出版社，2015 年。

[26] 徐培晨、王菡薇编著：《生机与雅意：中国花鸟画的世界》，北京：商务印书馆，2015 年。

[27] 薄松年主编：《中国美术史教程》，西安：陕西人民美术出版社，2001 年。

[28] 孙慰祖：《中国玺印篆刻通史》，上海：东方出版中心，2016 年。

[29] 王本兴：《怎样学篆刻》，天津：天津人民美术出版社，2007 年。

[30] 刘江编著：《篆刻艺术赏析》，南宁：广西美术出版社，1997 年。

[31] 中华文化通志编委会编：《中华文化通志·艺文典·乐舞志》，上海：上海人民出版社，2010 年。

[32] 王长印、余芬兰：《民乐》，长春：吉林出版集团有限责任公司，2013 年。

[33] 应有勤、孙克仁编著：《中国乐器大词典》，上海：上海教育出版社，2015 年。

[34] 李连祥：《唐诗常用语词》，天津：百花文艺出版社，2009 年。

[35] 徐元勇：《中国古代音乐史研究备览》，合肥：安徽文艺出版社，2015 年。

[36] 王秀萍：《中国民族乐器简编》，北京：新华出版社，2013 年。

[37] 汪旭编著：《唐诗全解》，沈阳：万卷出版公司，2015 年。

[38] 葛斐尔：《名画中的古琴》，北京：文化艺术出版社，2014 年。

[39] 樊锦诗、陈燮君主编：《敦煌与隋唐城市文明》，上海：上海教育出版社，2010 年。

[40] 周昉：《东方画谱·隋唐五代人物篇·内人双陆图》，北京：文物出版社，2018 年。

［41］白寿彝、廖德清、施丁主编：《中国通史·第四卷·中古时代·秦汉时期（下）》，上海：上海人民出版社，2013 年。

［42］尚永亮：《诗映大唐春：唐诗与唐人生活》，北京：北京大学出版社，2017 年。

［43］王辉编著：《中国古代娱乐》，北京：中国商业出版社，2015 年。

［44］蒋文光主编：《中国历代名画鉴赏（上）》，北京：金盾出版社，2004 年。

［45］耿占军、杨文秀编著：《汉唐长安的乐舞与百戏》，西安：西安出版社，2007 年。

［46］刘畅：《汉代乐舞百戏画像石的地域特征研究》，西安美术学院硕士学位论文，2018 年。

［47］赵芳编著：《中国古代杂技》，北京：中国商业出版社，2015 年。

［48］史美燕：《汉代画像石与画像砖中的百戏表演研究》，西北大学硕士学位论文，2017 年。

［49］刘秉果，赵明奇：《汉代体育》，济南：齐鲁书社，2009 年。

［50］张末元编著：《汉代服饰》，北京：中华书局，2017 年。

［51］赵超：《云想衣裳：中国服饰的考古文物研究》，成都：四川人民出版社，2004 年。

［52］郑婕编著：《图说中国传统服饰》，西安：世界图书出版公司，2008 年。

［53］肖东发主编：《衣冠楚楚：服装艺术与文化内涵》，北京：现代出版社，2015 年。

［54］兰宇：《陕西服饰文化》，西安：陕西师范大学出版总社有限公司，2014 年。

［55］董铮：《从〈簪花仕女图〉看唐代贵族女子服饰》，《美术大观》2014 年第 6 期。

［56］冯贺军主编：《你应该知道的 200 件古代陶俑》，北京：紫禁城出版社，2007 年。

［57］［美］高居翰著，李渝译：《图说中国绘画史》，北京：生活·读书·新知三联书店，2014 年。

［58］徐雯编著：《中国结》，合肥：黄山书社，2016 年。

［59］张静娟、李友友编著：《剪纸》，北京：中国旅游出版社，2015 年。

［60］茅翊编著：《剪纸》，合肥：黄山书社，2014 年。

［61］云中天编著：《永远的风景：中国民俗文化（剪纸）》，南昌：百花洲文艺出版社，2006 年。

［62］王烨编著：《中国古代剪纸》，北京：中国商业出版社，2015 年。

［63］白庚胜、于法鸣主编：《中国民间剪纸技法》，北京：中国劳动社会保障出版

社，2009 年。

　　[64] 陈佩雄编著：《中国艺术史》，长春：吉林音像出版社、吉林文史出版社，2006 年。

　　[65] 刘苎编著：《中国最美面具脸谱》，武汉：湖北美术出版社，2013 年。